Dr. Michael Lohmann

KÄFER, LIBELLEN
UND ANDERE INSEKTEN

*Bestimmen auf einen Blick
mit Faltplan*

BLV

Die Deutsche Bibliothek –
CIP-Einheitsaufnahme

Käfer, Libellen und andere Insekten/
Michael Lohmann. –
München; Wien; Zürich: BLV, 1995
   (Bestimmen auf einen Blick)
   ISBN 3-405-14727-1
NE: Lohmann, Michael

Bestimmungsplan:
Idee, Konzeption und Ausführung
Wilhelm Eisenreich

Einbandentwurf:
Studio Schübel, München

Foto auf dem Umschlag:
Eisenreich (Maikäfer)

BLV Verlagsgesellschaft mbH
München Wien Zürich
80797 München

© 1995 BLV Verlagsgesellschaft mbH
München

Gedruckt auf chlorfrei gebleichtem
Papier

Lektorat: Dr. Friedrich Kögel
Herstellung: Ernst Großkopf
Satz und Druck: Appl, Wemding
Bindung: Bückers, Anzing

Printed in Germany
ISBN 3-405-14727-1

Bildnachweis

Bellmann: 12, 31u, 35u, 41o, 45o,
47M, 49o, 49u, 53u, 59u, 63o, 63Mr,
65o, 65M, 67o, 71M, 71u, 75Ml,
75Mr, 77o, 79Mr, 85o, 97u, 101o,
105o, 105u, 127o, 127Ml, 133or,
135o, 141u, 145ur, 147o, 159o,
175o, 175ur

Eisenreich: 61u, 65ul, 99u, 119o,
119u, 121o, 121ul, 123o, 137u,
139o, 149Ml, 151M, 153ul

Hagemann: 22l, 39ol, 45u, 65ur, 79u,
151ul, 153Mr, 187u

Hecker: 17, 29, 39ur, 49M, 53o, 53M,
57u, 61o, 63ul, 77M, 111u, 139u,
181o

König: 27, 37or, 39or, 41M, 41u, 43o,
67u, 69o, 81ur, 103u, 105M, 113M,
115u, 117u, 123u, 135M, 135u,
141o, 143M, 151o, 151ur, 167Ml,
167u

Kretschmer: 31Mr, 39ul, 47o, 51u,
69u, 75o, 75u, 81ol, 83or, 85ur, 93o,
95or, 117o, 127u, 129u, 131M,
131u, 133Ml, 143ul, 149u, 159M,
159u, 161o, 161u, 173o, 173u,
175M, 177u, 179o, 181u

Pfletschinger/Angermayer: 15o, 15u,
22r, 31o, 33o, 37ol, 37u, 43u, 51M,
71o, 77ol, 81ul, 83u, 85ul, 87o, 87u,
93u, 95ol, 95u, 99o, 121ur, 123M,
125M, 125u, 129ul, 131o, 133ur,
141M, 145o, 145ul, 147Ml, 149o,
149Mr, 153Ml, 155o, 155ur, 157o,
157Mr, 163o, 163ul, 167Mr, 169o,
177Mr, 181M, 183Ml, 183u, 185M

Pforr: 5, 14, 20, 31Ml, 33ul, 43M,
55u, 57M, 59o, 73u, 79o, 81or, 89u,
91M, 91u, 97ol, 107M, 107u, 109M,
113u, 129o, 129M, 133ol, 143ur,
145Ml, 147ur, 153o, 153ur, 165u,
167o, 171o, 185u, 187M

Reinhard: 2/3

Sauer: 83ol, 127Mr, 155ul, 177Ml,
185or

Tessenow: 10, 35o, 55M, 63ur, 109u,
147ul, 157Ml, 163ur, 183Mr

Weidemann: 115o

Willner: 35ol, 47u, 51o, 55o, 57o,
59M, 63Ml, 73o, 77u, 79Ml, 87M,
89o, 91o, 97or, 101u, 103o, 107o,
109o, 111o, 113o, 125o, 133Mr,
143o, 145Mr, 155M, 157u, 165o,
165M, 169u, 171u, 175ul, 177o,
179M, 179u, 183o, 185ol, 187o

Zepf: 33ur, 73M, 133ul, 137o, 147Mr

Inhalt

Hinweise zur Benutzung

Sämtliche Gliederfüßer genau nach der Art zu bestimmen, ist auch für Biologen, wenn schon nicht ein Ding der Unmöglichkeit, so doch eine Aufgabe, die in vielen Fällen nur aufgrund sehr genauer Untersuchungen und bei Verwendung von Spezialliteratur lösbar ist. Die enorme Formenvielfalt dieser Gruppe läßt zumal dem Laien meist nur die Möglichkeit, ein gefundenes Insekt oder ein anderes Gliedertier einer größeren Gruppe zuzuordnen. Dabei sind allgemeine und auffallende Merkmale wichtiger als Details.

Der Faltplan in der hinteren Umschlagtasche erleichtert die Übersicht über die fast unüberschaubare Vielfalt. Hier sind die verkleinerten Abbildungen der in diesem Band behandelten Arten nach augenfälligen Ähnlichkeiten so zusammengestellt, daß man schnell an die Stelle im Buch geleitet wird, wo eine ausführlichere Beschreibung zumindest der näheren Verwandtschaft des zu bestimmenden Exemplars zu finden ist.

Die Arten sind auf dem Faltplan so angeordnet, daß Vertreter mit ähnlicher Gestalt, Farbe oder Musterung nebeneinander stehen, unabhängig von ihrer systematischen Stellung. Sie sind desweiteren so abgebildet, daß die Merkmale möglichst gut zu erkennen sind, das heißt, im allgemeinen formatfüllend. Letzteres bedeutet aber, daß kleine Arten in der Abbildung gleich groß erscheinen als viel größere. Die bis 60 mm lange Große Königslibelle erscheint daher gleich groß neben dem nur 35 mm langen, ebenfalls blau gefärbten Großen Blaupfeil, der bis 14 mm lange Feld-Sandlaufkäfer steht über dem ebenfalls grünschil-lernden, aber nur bis 8 mm großen Zierlichen Prachtkäfer. Rückschlüsse auf die Körpergröße sind also anhand der Abbildungen nicht möglich. Hier helfen die Texte weiter.

Erschwerend kommt bei den Insekten hinzu, daß die Jugendstadien (Larven) meist völlig anders aussehen als die Fortpflanzungsstadien (Imagines). Natürlich ist es genauso unmöglich, von jeder Art Larve und Imago abzubilden, wie es unmöglich (und wenig sinnvoll) wäre, alle rund 40 000 in Mitteleuropa vorkommende Gliedertiere im Bild vorzustellen. Trotzdem haben wir uns bemüht, auch einige der häufigsten und auffälligsten Larven abzubilden und nach ihrer Ähnlichkeit im Faltplan zu gruppieren. Darüber hinaus haben wir auch einige besonders ins Auge fallende »Produkte« von Insekten abgebildet, vor allem Gallen, jene Gebilde, die von Eiern und Larven an bestimmten Pflanzen hervorgerufen werden und meist auffälliger und auch charakteristischer sind als ihre Verursacher.

Der Hauptteil des Bestimmungsbandes ist systematisch, also nach Verwandtschaften aufgebaut, wobei die stammesgeschichtlich älteren, »primitiveren« Gruppen am Anfang stehen, die höher entwickelten Gruppen am Ende. Welche Gruppen ausgelassen wurden, ist dem Abschnitt »Ordnung der Vielfalt« zu entnehmen. Es sei jedoch hier schon darauf hingewiesen, daß die Schmetterlinge in einem gesonderten Band dieser Reihe behandelt sind und daß eine Reihe mariner Gliederfüßer – vor allem Krebse – im Band »Pflanzen und Tiere der Küste« abgebildet und beschrieben sind.

Über den Texten des Hauptteils wird auf jeder Seite zunächst die systematische Stellung der beschriebenen Arten genannt (vgl. das nächste Kapitel). Zu Beginn jeder Artbeschreibung stehen deutscher und wissenschaftlicher Name und die Familienzugehörigkeit; rechts daneben finden Sie Verweise auf die Fotos und Angaben zum Gefährdungsgrad (Rote-Liste-Status in Deutschland); dabei bedeutet:

RL 1 = vom Aussterben bedroht,
RL 2 = stark gefährdet,
RL 3 = gefährdet,
RL 4 = potentiell gefährdet.

Schließlich wird bei einer Art mit dem Kürzel »gesch.« angezeigt, wenn sie nach der Bundesartenschutzverordnung zu den besonders geschützten Arten zählt, also weder als Imago noch als Larve gefangen oder getötet werden darf.

Die Texte beschreiben zuerst die wichtigsten Merkmale der Fortpflanzungsstadien (Imagines) und enthalten die nötigsten und interessantesten Informationen zu ihrer Verbreitung, ihrem Lebensraum und ihrer Lebensweise. Im Abschnitt Fortpflanzung werden auch die Jugendstadien der abgebildeten Art beschrieben, die häufig völlig anders aussehen und leben als die Imago. Schließlich enthalten die Texte Hinweise auf ähnliche Arten, beziehungsweise Aussagen über die gesamte Gattung, Familie oder Ordnung, die die behandelte Art repräsentiert.

Beachten Sie bitte, daß Sie allgemeine Angaben zum Körperbau und zur Biologie der behandelten Gruppen auch in der Einführung dieses Buches finden. Solche Beschreibungen werden verständlicherweise bei den Artentexten nicht wiederholt.

Ordnung der Vielfalt

Mit etwa einer Million Arten stellen die Gliederfüßer rund 80 Prozent aller bisher bekannten Tierarten. Wenn auch die weitaus meisten Formen in den Tropen zu finden sind, so können einen doch auch schon die schätzungsweise 40 000 Arten Mitteleuropas in hoffnungslose Verwirrung stürzen, wenn man sie nicht wenigstens in ein grobes System einordnet. Wir wollen dies hier ohne wissenschaftliche Spitzfindigkeiten in einer Weise versuchen, die auch dem Laien zu einem besseren Überblick verhilft.

Zunächst wollen wir nach den gemeinsamen Merkmalen fragen. Charakteristisch für die Gruppe der Gliederfüßer ist ihr sogenanntes Außenskelett: Eine von den Drüsen der Außenhaut (Epidermis) abgeschiedene, rasch erhärtende Schicht (Chitin-Cuticula) bildet einen stabilen Panzer, der einerseits dem weichen Körperinneren Schutz und andererseits den Muskeln feste Ansatzmöglichkeiten bietet. In dieser letzten Funktion gleicht die harte Körperhülle der Gliederfüßer unserem knöchernen Innenskelett. Nachteil des Außenskeletts: Es kann nicht mitwachsen und muß daher periodisch abgestoßen und erneuert werden (Häutung).

Die Kopfkapsel besteht aus sechs miteinander verschmolzenen Segmenten und trägt Fühler (Antennen) und Mundwerkzeuge. Sie sind bei den einzelnen Gruppen allerdings sehr unterschiedlich ausgebildet, teilweise auch rückgebildet oder fehlend. Das Gehirn innerviert vor allem die Sinnesorgane, von denen die Augen und die meist als »Geruchsorgane« dienenden Antennen besonders auffallen. Zu den ursprünglich vier kleinen Punktaugen kommen bei den Gliederfüßern teilweise mächtig ausgebildete Seitenaugen, die im Gegensatz zum Wirbeltierauge aus vielen Einzelaugen (Facetten) bestehen und daher als Facetten- oder Komplexaugen bezeichnet werden.

Das ursprünglich (z. B. bei den Ringelwürmern) geschlossene Blutgefäßsystem, in dem das Blut in einer Rückenader nach vorn und in einem Bauchstrang nach hinten transportiert wird (verbunden durch Schlingen in jedem Segment) hat sich bei den Gliederfüßern geöffnet: Die Rückenader übernimmt hier die Funktion eines Herzens, das das frei im Körper fließende Blut in Bewegung hält.

Zu den wichtigen Merkmalen der Gliederfüßer gehören also:
– Gliederung des Rumpfes in mehr oder weniger gleiche (z. B. bei Larven) oder ungleich geformte Segmente,
– eine aus Chitin bestehende harte Außenhülle, die periodisch gehäutet werden muß,
– ein offenes Blutsystem mit einem im Rücken liegenden Schlauchherzen,
– seitliche Facetten- oder Komplexaugen, in Verbindung mit bis zu vier mittleren Punktaugen.

Zu den Gliederfüßern im engeren Sinne (Euarthropoda) gehören folgende Gruppen:
Dreilappkrebse (Trilobita), eine ausgestorbene Gruppe mariner Krebse (nicht behandelt).
Fühlerlose (Chelicerata), ungefähr 60 000 Arten, gekennzeichnet durch das Fehlen von Antennen und gegeneinander arbeitenden Kiefern (Mandibeln); als Mundwerkzeuge besitzen sie oft scherenförmig ausgebildete Kieferfühler (Cheliceren, vergleiche Mandibeltiere); hierzu gehören:
1) Merostomata, im Meer lebende Schwertschwanzkrebse und Seeskorpione (nicht behandelt);
2) Spinnentiere (Arachnida), rund 60 000 Arten, Milben, Skorpione, Weberknechte und Webspinnen (vgl. S. 10 ff. und S. 30 ff.);
3) Asselspinnen (Pantopoda), nur etwa 500 im Meer lebende Arten, davon 15 an der deutschen Küste (nicht behandelt).

Mandibeltiere (Mandibulata), eine sehr artenreiche und weit verbreitete Gruppe von Gliederfüßern, bei denen das vierte Extremitätenpaar des Kopfes zu gegeneinander arbeitenden Kiefern (Mandibeln) ausgebildet ist. Hierher gehören die meisten der in diesem Band behandelten Arten; man kann sie folgendermaßen unterteilen:
1) Krebstiere (Crustacea), mit rund 20 000 meist im Wasser lebenden Arten; in diesem Band werden nur die landlebenden Asseln behandelt (vgl. S. 13 und S. 42);
2) Tausendfüßer (Myriapoda), mit etwa 11 000 Arten (vgl. S. 13 f. und S. 40 f.);
3) Insekten (Insecta), mit weltweit etwa bisher bekannten 800 000 Arten, von denen in Mitteleuropa etwa 30 000 vorkommen.

Insekten mit und ohne Flügel

Schwerpunkt dieses Bestimmungsbandes ist die riesige Gruppe der Insekten, auch Kerbtiere, Kerfe oder

Sechsfüßer (Hexapoda) genannt. Um sich hier zurechtzufinden, bedarf es einer weiteren Untergliederung.

Zunächst einmal können wir von den beflügelten Gruppen (zu denen einige Arten mit rückgebildeten Flügeln gehören) eine kleine Gruppe kleiner, primär flügelloser Insekten (Apterygota) – auch Urinsekten genannt – abgliedern. Zu ihnen gehören zwei bekannte Formen, die Fischchen (Zygentoma) mit dem in älteren Wohnungen oft anzutreffenden Silberfischchen *(Lepisma)* und die Springschwänze (Collembola).

Die geflügelten Insekten (Pterygota) lassen sich in folgender Weise gruppieren:

Insekten mit unvollständiger Verwandlung (Hemimetabola), deren Jugend- und Reifestadien sich äußerlich nicht wesentlich unterscheiden (z.B. Heuschrecken), oder bei denen die geflügelten Stadien ohne Verpuppung (vgl. S. 15) aus dem letzten Larvenstadium hervorgehen (z.B. Libellen). Hierzu zählen unter anderem folgende Ordnungen:

1) Eintagsfliegen (Ephemeroptera); etwa 200 bekannte Arten, davon in Mitteleuropa kaum 70 (vgl. S. 46);
2) Libellen (Odonata); von insgesamt etwa 3700 Arten rund 80 in Mitteleuropa (vgl. S. 16 ff. und S. 48 ff.);
3) Steinfliegen (Plecoptera); mehr als 200 bekannte Arten, davon etwa 100 heimische (vgl. S. 46);
4) Ohrwürmer (Dermaptera); 1300 bekannte Arten, davon bei uns nur 7 (vgl. S. 66);
5) Fangschrecken (Mantodea); ungefähr 1800, meist tropische Arten, in Mitteleuropa nur die Gottesanbeterin (vgl. S. 66);
6) Schaben (Blattariae); etwa 3500 Arten, überwiegend in warmen

Ländern, bei uns nur etwa ein Dutzend (vgl. S. 68);
7) Langfühlerschrecken (Ensifera), z.B. Laubheuschrecken und Grillen; von etwa 7000 bekannten Arten etwa 90 in Mitteleuropa (vgl. S. 18 f. und S. 70 ff.);
8) Kurzfühlerschrecken (Caelifera), z.B. Feld- und Dornheuschrecken; von über 10000 Arten in Mitteleuropa kaum 80 (vgl. S. 18 f. und S. 74 f.);
9) Tierläuse (Phthiraptera), z.B. Federlinge, Kopflaus; von etwa 12000 Arten in Mitteleuropa etwa 1000 (nicht behandelt);
10) Zikaden (Auchenorrhyncha); ungefähr 30000 Arten, davon bei uns etwa 500 (vgl. S. 78);
11) Pflanzenläuse (Sternorrhyncha), mit Blattläusen, Schildläusen und Blattflöhen; in Mitteleuropa etwa 1150 Arten (vgl. S. 80);
12) Wanzen (Heteroptera), mit den Land- und Wasserwanzen; von etwa 40000 Arten bei uns etwa 800 (vgl. S. 19 f. und S. 82 ff.).

Insekten mit vollständiger Verwandlung (Holometabola), deren Larven völlig anders aussehen als die aus einem Zwischenstadium – der Puppe (vgl. S. 15) – hervorgehenden Reifestadien. Hierzu zählen unter anderem folgende Ordnungen:

1) Schlammfliegen (Megaloptera); von über 100 bekannten Arten bei uns nur einige der Familie Sialidae (vgl. S. 92);
2) Echte Netzflügler (Planipennia), z.B. Florfliege, Ameisenjungfer, Hafte; von etwa 5400 Arten nur etwa 75 in Mitteleuropa (vgl. S. 94 f.);
3) Käfer (Coleoptera), eine enorm formenreiche Insektenordnung mit derzeit rund 350000 bekannten Arten, von denen etwa 5600 in Mitteleuropa vorkommen (vgl. S. 20 f. und S. 98 ff.);

4) Hautflügler (Hymenoptera), z. B. Wespen, Bienen, Hummeln; über 100 000 bekannte Arten, davon in Mitteleuropa etwa 10 000 (vgl. S. 21 ff. und S. 148 ff.);
5) Flöhe (Siphonaptera), z. B. Katzen-, Hunde-, Menschenfloh; über 2000 bisher bekannte Arten, davon etwa 70 heimische (nicht behandelt);
6) Köcherfliegen (Trichoptera); von den etwa 7000 bekannten Arten leben fast 300 in Mitteleuropa (vgl. S. 170);
7) Schmetterlinge (Lepidoptera), mit Motten, Nacht- und Tagschmetterlingen; von über 150 000 Arten sind über 3000 heimisch (vgl. den Band »Schmetterlinge. Bestimmen auf einen Blick«);
8) Schnabelfliegen (Mecoptera); annähernd 500 Arten, davon in Mitteleuropa lediglich 9 (vgl. S. 92);
9) Zweiflügler (Diptera), z. B. Schnaken, Mücken, Fliegen, Bremsen; insgesamt etwa 80 000 bekannte Arten, davon etwa 6000 heimische (vgl. S. 23 f. und S. 172 ff.);

Kennzeichen der wichtigsten Gruppen

Spinnentiere

Größte Art ist mit 9 cm Körperlänge eine tropische Vogelspinne, die kleinsten Arten sind nur 1–2 mm groß. Nur eine der rund 30 000 Arten von Webspinnen und nur ein kleiner Teil der ebenfalls rund 30 000 Milbenarten leben im Wasser. Alle Spinnen ernähren sich räuberisch. Die Milben hingegen haben

nahezu alle ökologischen Nischen erobert (siehe unten). Alle Webspinnen besitzen einen Spinnapparat, mit dem sie vielfältig einsetzbares Spinngewebe produzieren.

Der Körper der Spinnen ist zweigeteilt: der Vorderkörper (Prosoma) besitzt eine einheitliche Rückendecke und eine ungegliederte Bauchplatte (Sternum). Auch der Hinterleib (Opistosoma) ist fast stets ungegliedert. Er setzt mit dem stielförmigen siebten Segment am Vorderkörper an. Dadurch ist der Hinterleib sehr beweglich, was den Einsatz der ebenfalls beweglichen Spinnwarzen erleichtert.

Im Gegensatz zu den teilweise zehnbeinigen Krebsen und den sechsbeinigen Insekten besitzen die Spinnen acht Laufbeine, die wie bei den Insekten aus acht Gliedern bestehen, am Ende tragen sie zwei bis drei Krallen. Zwei Extremitätenpaare bilden die Mundwerkzeuge: zweigliedrige Kieferfühler (Cheliceren) mit je einer klappmesserartigen Giftdrüse und Beintaster (Pedipalpen), die bei den Männchen mit oft kompliziert ge-

Die frei jagende Harlekinspinne hat besonders große Haupt- und Nebenaugen.

bauten Endgliedern auch als Begattungsorgane (Gonopoden) verwendet werden. Das Skelett der Spinnen besteht wie bei allen Gliederfüßern aus der den ganzen Körper umgebenden harten Cuticula, die mehrfach während des Wachstums gewechselt werden muß.

Spinnen besitzen empfindliche Sinnesorgane. Zu den sogenannten Mechanorezeptoren gehören Tasthaare, Becherhaare und Spaltsinnesorgane, mit denen sie Fremdbewegungen wahrnehmen können, und Sinneszellen in den Gelenken, die der Wahrnehmung und Steuerung der Eigenbewegungen dienen. An der Spitze offene Sinneshaare können als Kontakt-Chemorezeptoren den Geschmack und Geruch von Stoffen feststellen. Spinnen besitzen meist acht, seltener nur sechs Augen, wobei die Hauptaugen nach vorne gerichtet sind, während seitlich am Kopf stehende Nebenaugen das Blickfeld vergrößern. Besonders bei frei jagenden Spinnen (Springspinnen) sind die Augen äußerst leistungsfähig.

Bei der Nahrungsaufnahme bedienen sich die Spinnen der extraintestinalen Verdauung: Sie pumpen Verdauungssäfte in das Beuteobjekt und saugen dann die verflüssigte Mahlzeit auf. Nicht verdauliche und nicht wasserlösliche Stoffe wie Guanin werden in Darmzellen gespeichert und erscheinen äußerlich als weißes Muster (z. B. das Kreuz der Kreuzspinnen).

Der Gasaustausch des Blutes findet ursprünglich über zwei Paar Fächerlungen statt, deren Öffnungen im Brustbereich liegen. Bei vielen Arten sind diese Fächerlungen wie bei den Insekten zu Tracheen umgewandelt, die die Luft offen mit der Körperflüssigkeit in Kontakt bringen. Ein im Rücken liegender Herzschlauch sorgt für die Umwälzung des Gemisches aus Blut und Lymphflüssigkeit.

Spinnen verfügen teilweise über ein kompliziertes Balzverhalten, bei dem chemische (Lockstoffe), akustische (Stridulation), taktile (Betrillern und Betasten) und optische (Balzbewegungen und Färbungen) Reize dafür sorgen, daß keine Verwechslungen stattfinden. Höchst kompliziert ist auch die Samenübertragung vom meist kleineren Männchen auf das Weibchen. Dazu spinnt das Männchen ein kleines Netz, setzt darauf einen Spermatropfen ab, saugt diesen mit dem Samenschlauch der beiden Kiefertaster auf und überträgt ihn in zwei Öffnungen einer Platte, die die weibliche Geschlechtsöffnung abdeckt. Die kompliziert gebauten Taster der Männchen passen wie Schlüssel ins Schloß, so daß auch auf diese Weise Fremdbefruchtung verhindert wird. In einem Samenbehälter der Weibchen wird der Samen aufbewahrt, bis er zur Befruchtung der Eier gebraucht wird. Die Eier werden in der Regel mit Spinnseide in einen Kokon gehüllt. Viele Arten bewachen ihren Nachwuchs, tragen Eier oder Junge mit sich herum, verteidigen sie und füttern sie sogar. Bis zur Geschlechtsreife müssen sich die jungen Spinnen bis zu 12mal häuten.

Die Fähigkeit Spinnseide zu produzieren wird von Spinnmilben und Webspinnen in vielfältiger Weise eingesetzt. Grundlage dafür sind drei bis vier Paar sehr beweglicher Spinnwarzen, die sich am Bauchende befinden. Die verschiedenen Drüsentypen produzieren unterschiedlich beschaffene Seide, die unterschiedlichen Zwecken dient. Der Spinnapparat besteht aus feinsten Düsen, die mit Regulationsventilen ausgestattet sind. Die Spinnseide besteht aus Eiweißstoffen, deren

Weibchen der Traurigen Wolfspinne mit Jungen auf dem Rücken.

Moleküle beim Austritt gerichtet werden, wodurch ein Faden entsteht, der hauchdünn und dennoch enorm reißfest und elastisch ist.

Die Fangnetze der Netzspinnen sind nur einer von vielen Zwecken, für die Gespinste eingesetzt werden. Daneben dienen sie der Auskleidung von Wohnröhren, dem Bau von Häutungs- und Überwinterungsgespinsten, der Herstellung von Eier- und Jungenkokons, als Sicherheitsfaden und schließlich als Transportmittel, mit dem sich besonders im Herbst junge Spinnen vom Wind verfrachten lassen (Altweibersommer). Besonders auffällig sind aber die kunstvoll gebauten Fangnetze, die aus Haltefäden und klebenden Fangfäden bestehen.

Das bisher Gesagte bezieht sich im wesentlichen auf die Ordnung der Webspinnen (Araneae), die freilich mit rund 30 000 Arten neben den Milben (Acari) die größte Gruppe der Spinnentiere (Arachnida) sind. Zwei weitere für Mitteleuropa wichtige Ordnungen sind:
Die Milben (Acari) mit über 30 000 Arten, die meisten kleiner als 2 mm. Die Weibchen vollgesogener Zecken können aber bis 3 cm groß werden. Die kleinste Gallmilbe wird nur 0,08 mm groß. Als einzige Gruppe der Spinnentiere haben sich die Milben in vielfacher Weise ökologisch angepaßt. Viele Arten haben die räuberische Lebensweise aufgegeben und ernähren sich von Pflanzensäften oder Abfällen oder wurden zu Tierparasiten, andere Arten sind zum Wasserleben übergegangen. Entsprechend spielen Milben eine bedeutende Rolle als Schädlinge an Kulturpflanzen (Obstbaum-Spinnmilben), Nutztieren (Bienen-Varroa) und Vorräten (Mehlmilben), als Krankheitsüberträger (Zecken) und -erreger (Staubmilben), aber auch als ökologischer Faktor, etwa durch die bei der Streuzersetzung aktive Gruppe der Hornmilben.
Die Weberknechte (Opiliones) mit etwa 3200 Arten. Auffallend sind der ungegliederte Körper, ohne Einschnürung zwischen Brust und Hinterleib, sowie die oft sehr langen, dünnen Beine mit bis zu 100 Endgliedern. Bei Gefahr können Bein-

stücke abgeworfen werden. Neben räuberischen Arten gibt es auch solche, die von Aas, faulenden Früchten und sogar von Schnecken leben.

Krebstiere

Im Unterschied zu den Spinnen und Insekten besitzen Krebstiere (zu denen auch die Asseln gehören) zwei Paar Antennen und typische Spaltfüße. Der Körper ist in Kopf, Brust und Hinterleib gegliedert; bei vielen Krebsen sind aber ein bis mehrere Brustsegmente mit dem Kopf zu einem einheitlichen Cephalothorax verschmolzen, dessen Rückenplatte ein wirkungsvoller Schutz auch für den oft untergeklappten Hinterleib ist. Die dadurch stark eingeschränkte Beweglichkeit wird vielfach durch gestielte, bewegliche Augen teilweise wieder wettgemacht. Die Zahl der Beinpaare ist meist groß, wobei die Spaltfüße die verschiedensten Funktionen übernehmen und oft entsprechend umgestaltet sind. Sie dienen etwa als Fühler, als Mundwerkzeuge, als Begattungsorgane, als Kiemen, als Lauf- oder Schwimmbeine, als Filter, als Grabwerkzeuge und zum Beutefang. Der Kopf trägt fünf Paar Gliedmaßen: Die ersten Antennen sind einästig, während das zweite Antennenpaar stets gespalten ist. Die drei weiteren Kopfextremitäten dienen als Mundwerkzeuge.

Wie die Insekten besitzen die Krebstiere sogenannte Facetten- oder Komplexaugen, die wie gesagt oft gestielt sind. Außerdem verfügen sie noch – zumindest als Larve – über ein sogenanntes Naupliusauge. Als Nauplien werden die Larven der Krebstiere bezeichnet.

Während die meisten Krebse (von den winzigen Wasserflöhen bis zu den großen Hummern und Garnelen) Wassertiere sind, leben von den hier behandelten Asseln (Isopoda) viele auch auf dem Land. Mit über 4000 Arten stellen die Asseln eine ökologisch sehr vielgestaltige Gruppe dar. Es gibt unter ihnen neben Pflanzenfressern, Räubern, Aas- und Abfallfressern sogar parasitisch lebende Arten. Ihr Körper ist meist abgeflacht und erscheint durchgehend segmentiert. Anders als bei vielen anderen Krebstieren sind ihre Augen ungestielt. Während das erste Brustbeinpaar als Mundwerkzeug dient, sind die folgenden sieben Paare als gleichförmige Laufbeine ausgebildet; durch Rückbildung erscheinen die Spaltfüße einästig. Auch von den zwei Paar Antennen ist oft das erste zurückgebildet.

Tausendfüßer

Die Gliederung des Körpers in viele gleichförmige Segmente stellt ein ursprüngliches Merkmal dar. Man kann die Tausendfüßer daher in gewissem Sinn als Vorläufer der Insekten ansehen. Ihr Körper gliedert sich nur in Kopf und Rumpf, ein abgesetzter Brustteil, wie wir ihn bei anderen Gliederfüßern finden, fehlt. Sie besitzen nur ein Paar Antennen sowie zwei bis drei Paar Mundwerkzeuge.

Im Unterschied zu anderen Gliederfüßern besitzen die Tausendfüßer keine Komplexaugen. Sie tragen auf jeder Kopfseite nur eine Ansammlung isolierter Linsen. An der Fühlerbasis finden sich oft sogenannte Schläfenorgane, mit deren Sinneszellen die Tiere Feuchte wahrnehmen können. Der Atmung dienen unterschiedlich ausgebildete Tracheen. Alle Tausendfüßer sind landlebend und weltweit mit etwa

11 000 bekannten Arten vertreten. Neben einigen anderen Gruppen unterscheidet man die beiden Klassen der Hundertfüßer (Chilopoda; Körper meist flach, je Körpersegment 1 Beinpaar) und Doppelfüßer (Diplopoda; Körper meist rund, je Körpersegment 2 Beinpaare).

Insekten

Trotz der riesigen Formenvielfalt, liegt dieser Tiergruppe ein einheitlicher Bauplan zugrunde. Dazu gehören zunächst einmal die Merkmale aller Gliederfüßer wie gegliederte Extremitäten, Außenskelett aus Chitin, ein aus sechs Segmenten verschmolzener Kopf und anderes. Kennzeichnend für die Insekten ist eine Dreigliederung des Körpers in Kopf, Brust und Hinterleib und insbesondere auch eine Dreigliederung des Brustteils mit entsprechend drei Beinpaaren – was ihnen die wissenschaftliche Bezeichnung Hexapoda (Sechsbeiner) eingebracht hat. Neu ist auch die Ausbildung einer Wachsschicht auf der Chitincuticula, wodurch ein wirksamer Verdunstungsschutz erzielt wird, was wiederum die Besiedlung neuer, auch sehr trockener Lebensräume ermöglichte.

Die riesigen Komplexaugen der Libellen bestehen aus vielen tausend Einzelaugen.

Der Kopf der Insekten trägt die wichtigsten Sinnesorgane, das Zentralnervensystem und die Mundwerkzeuge. Im Unterschied zu den Krebsen besitzen Insekten stets nur ein Paar Fühler, die als Tast- und Geruchsorgane dienen. Die drei Paar Mundwerkzeuge sind je nach Art der Nahrungsaufnahme ausgebildet: ursprünglich als beißend-kauende Werkzeuge wie bei vielen Käfern, wobei das dritte Paar zu einer »Unterlippe« verwachsen ist. Abgeleitete Formen sind stechend-saugende Mundwerkzeuge, wie bei Wanzen und bei manchen Zweiflüglern (Mücken, Fliegen), oder die zu langen Rüsseln ausgebildeten Saugapparate der Schmetterlinge.
Die Dreiteilung der Brust (Thorax) ist nicht nur an den Beinpaaren erkennbar, aus der Rückenansicht jedoch oft durch einen Halsschild, eine Verbreiterung des ersten Segments, verdeckt. Mit einer kräftig ausgebildeten Muskulatur dient der Thorax ganz der Fortbewegung und trägt bei den geflügelten Arten an den beiden letzten Segmenten auch die beiden Flügelpaare.
Der manchmal nur über eine dünne Taille mit der Brust verbundene Hinterleib (Abdomen) besteht ursprünglich aus 11 Segmenten und trägt bei den meisten Formen keinerlei Extremitäten. Allenfalls am letzten Segment finden sich umgewandelte Gliedmaßen wie Afterfühler (Cerci) oder ein Legeapparat bei Weibchen (auch umgebildet zum Stechapparat bei Bienen). Kiemenanhänge oder Bauchfüße können bei Larven allerdings an verschiedenen Segmenten des Hinterleibs sitzen.
Unter den Sinnesorganen sind die großen Facetten- oder Komplexaugen besonders auffallend. Bei manchen räuberisch lebenden, im Flug jagenden Arten wie Libellen neh-

men sie fast den ganzen Kopfbereich ein. Mit diesen hochentwickelten Augen können viele Insekten nicht nur Bewegungen wahrnehmen und ziemliche scharfe Abbildungen ihrer Umgebung, sondern auch Farben – wie dies u. a. für Bienen nachgewiesen wurde. Daneben finden sich oft noch drei auf der Stirn gelegene Punktaugen (Ocellen).

Haarförmige Sinnesorgane sind weit verbreitet und dienen als Geruchs-, Geschmacks-, Tast- oder Gehörorgane. Daneben sind bei einigen, im allgemeinen lauterzeugenden Gruppen komplexere Gehörorgane (Tympanalorgane) ausgebildet.

Ein offenes Tracheensystem sorgt für den Gasaustausch. Die Öffnungen (Stigmen) liegen paarweise in den beiden hinteren Brust- und in den vorderen Hinterleibssegmenten. Das meist farblose Blut ist mit der Leibesflüssigkeit vermischt und wird durch einen im Rücken verlaufenden Herzschlauch umgewälzt.

Die Jugendentwicklung findet in zweierlei Weise statt: entweder mit unvollständiger Verwandlung, das heißt allmählich über mehrere Larvenstadien, die dem Geschlechtstier immer ähnlicher werden (Hemimetabola), oder mit vollständiger Verwandlung über ein Puppenstadium (Holometabola). Bei dieser Gruppe häutet sich die Larve des letzten Stadiums zur sogenannten Puppe, die als Ruhestadium im allgemeinen regungslos in einem Versteck (z. B. unter der Erde) ruht. Es gibt aber auch bewegliche Puppen, z. B. bei den Stechmücken. Während der Puppenruhe finden tiefgreifende Umbauprozesse statt, bis schließlich das gänzlich anders als Larve oder Puppe aussehende, meist geflügelte Geschlechtstier schlüpft. Es wird als Imago (Mehrzahl: Imagines) bezeichnet.

Larve einer Laubheuschrecke.

Die Insekten sind stammesgeschichtlich eine sehr alte und von jeher sehr erfolgreiche Tiergruppe. Bereits vor 250 Millionen Jahren – als die Gruppe der Säuger gerade erst sich zu entfalten begann – existierten bereits fast alle heute bestehenden Ordnungen mit vielen hunderttausend Arten. Die Ausbildung von Flügeln und die damit verbundene hohe Beweglichkeit war offensichtlich ein Schlüssel zum Erfolg dieser

Junge Puppe des Maikäfers mit letzter Larvenhaut in selbst gebauter Erdhöhle.

Tiergruppe, der heute 80 Prozent aller Tierarten angehören. Unter den Wirbellosen sind die Insekten die einzige Gruppe mit aktivem Flugvermögen.

Als sehr erfolgreich hat sich aber auch der Chitinpanzer erwiesen, als Schutz vor Trockenheit und anderen

Unbilden ebenso wie als Schutz vor Feinden. Nur die Größenentwicklung war durch das Außenskelett eng begrenzt, da die Platten einfach zu schwer werden, wenn sie ihre Funktion als Widerlager der Muskeln erfüllen sollen. Die größten Gliederfüßer sind denn auch wasserlebende Krebse, bei denen das Gewicht ihres Panzers durch den Auftrieb gemindert wird. Die größten Insekten werden heute höchstens 30 cm lang (tropische Stabheuschrecken) oder weisen eine Flügelspannweite von 30 cm auf (tropische Nachtfalter). Auch das auf Diffusion beruhende Atmungssystem der Insekten begrenzt ihre Größenzunahme.

Was sie an Körpermasse des Individuums nicht erreicht haben, das machen Insekten aber vielfach durch die Massen an Individuen wett. Bekannt sind nicht nur die gigantischen Schwärme der Wanderheuschrecken, die in kürzester Zeit mehr Vegetation vernichten können als ganze Großtierherden. Auch in unserem Klima können bestimmte Mücken in solchen Mengen auftreten, daß ihre Wolken schon die Feuerwehr alarmierten. Und die Raupen gewisser Schmetterlingsarten können ganze Wälder kahlfressen. Die Biomasse aller Insekten wird höher eingeschätzt als die aller übrigen terrestrischen Tiere zusammen – einschließlich Haustieren und Menschen.

In der Tat, eine überaus erfolgreiche Tiergruppe, die von den Polen bis zum Äquator sämtliche Lebensräume erobert haben. Der einzige Lebensraum, den die Insekten nicht besiedelt haben, ist das offene Meer.

Beschreibung der wichtigsten mitteleuropäischen Insektenordnungen

Libellen (Odonata)

Vertreter dieser außerordentlich fluggewandten Insekten sind bereits aus Versteinerungen des Karbons bekannt: Die vor etwa 300 Millionen Jahren lebenden Tiere hatten Spannweiten bis zu 75 cm! Man unterteilt die Ordnung in die Unterordnungen der Kleinlibellen (Zygoptera) und Großlibellen (Anisoptera).

Die Larven der heimischen Libellen leben mit Ausnahme weniger Brackwasserarten in fließenden oder stehenden Binnengewässern. Alle tragen ein sehr typisches Organ, nämlich eine zweigliedrige, unpaare Fangmaske. Sie wird in Ruhe unter Kopf und Brust getragen und kann in Bruchteilen einer Sekunde vorgeschleudert werden. Die an ihrem Ende sitzenden Zangen halten die Beute fest. Große Libellenlarven fangen auf diese Weise sogar Kaulquappen, Molchlarven und kleine Fischchen. Die Beute wird mit den kräftigen Mundwerkzeugen zerkaut. Die Larven der Kleinlibellen tragen am Hinterleibsende drei blattförmige Anhänge, die der Atmung dienen. Den Larven der Großlibellen fehlen solche Anhänge, sie atmen durch Kiemen des Enddarms. Stattdessen besitzen sie drei kurze, zu einem einzigen Dorn zusammenlegbare Stacheln, die sie als Waffe benutzen.

Paarungsrad der Großen Pechlibelle; oben das Männchen, unten das Weibchen.

Im Gegensatz zu den äußerst mobilen Flugformen sind die Jugendstadien der Libellen eher träge. Nach zehn oder mehr Häutungen kriecht die Larve an einem Stengel aus dem Wasser und schlüpft als flugfähige Imago aus der alten Hülle.

Erwachsene Libellen sind meist ohne weiteres an ihrem ungewöhnlich langen, schlanken und oft bunt gefärbten Hinterleib zu erkennen. Sie besitzen zudem zwei Paar nahezu gleich geformte, mehr oder weniger durchsichtige, reich geäderte Flügel. Während die Flügel der Kleinlibellen mit dünner Basis und breitem Ende paddelförmig sind, haben die Flügel der Großlibellen eine breite Basis. Noch charakteristischer für die beiden Gruppen ist die Flügelhaltung in der Ruhe: Großlibellen tragen ihre Flügel seitlich mehr oder weniger vorgezogen, während Kleinlibellen sie über dem Rücken zusammengeklappt halten. Im Flug werden Vorder- und Hinterflügel gegensinnig bewegt, so daß eine Art Hubschraubereffekt eintritt. Großlibellen können eine Geschwindigkeit von 40 km/h erreichen.

Die Farben des Körpers und der Flügel sind vor allem Pigmentfarben, metallisch schillernde Farben sind meist Strukturfarben, die durch Brechung des Lichtes an Oberflächenstrukturen hervorgerufen werden. Häufig sind Männchen und Weibchen der gleichen Art unterschiedlich gefärbt. Gelegentlich findet man auch zwei verschieden gefärbte Weibchenformen.

Libellen sind Augentiere. Fast ihr ganzer Kopf wird von den großen Komplexaugen eingenommen. Jedes Auge besteht aus bis zu 30 000 Einzelaugen. Die Fühler sind bei den Libellen hingegen kaum sichtbar. Der Kopf ist durch einen dünnen Hals mit der Brust verbunden und daher ungewöhnlich beweglich.

All diese Merkmale deuten schon auf die räuberische Lebensweise der Libellen hin. Sie sind gewandte Jäger, die ihre Beute auch im Flug verfolgen und hauptsächlich mit den Beinen fangen. Die Jagdreviere liegen oft weit entfernt vom Wasser und werden manchmal gegen Konkurrenten verteidigt. Häufiger werden von manchen Groß- und einigen Kleinlibellen Fortpflanzungsreviere verteidigt. Das Männchen ergreift mit den Zangen des Hinterleibsendes nach einer Balz das paarungswillige Weibchen von oben hinter dem Kopf oder an der Brust. Da das kompliziert gebaute Paarungsorgan beim Männchen dicht hinter der Brust, beim Weibchen aber am Hinterleibsende liegt, kommt die Begattung im sogenannten Kopulations- oder Hochzeitsrad zustande, indem das Weibchen seinen Hinterleib nach unten-vorne biegt. Im Tandemflug werden vielfach auch die Eier abgelegt.

Springschrecken (Saltatoria)

Die Vertreter dieser Gruppe sind zu erkennen an den in der Ruhe gerade nach hinten liegenden Flügeln (daher auch »Geradflügler«), an den meist zu kräftigen Sprungbeinen verlängerten Hinterbeinen und an der Fähigkeit zur Lauterzeugung. An den »Instrumenten« zur Lauterzeugung lassen sich zwei Untergruppen (Ordnungen) unterscheiden: die Langfühlerschrecken (Ensifera, mit Laubheuschrecken und Grillen) sowie die Kurzfühler- oder Feldheuschrecken (Caelifera). Bei den Langfühlerschrecken befinden sich die Schrillorgane ausschließlich an der Basis der beiden Vorderflügel; sie erzeugen ihre schwirrenden Laute entsprechend durch Aneinanderreiben der Vorderflügel. Bei den Feldheuschrecken sind Fidel und Bogen auf Vorderflügel und Hinterschenkel verteilt: sie geigen mit den Beinen auf den Flügeln.

Da die Gesänge der Heuschrecken und Grillen die Geschlechter zusammenführen sollen, müssen sie auch gehört werden. Deswegen haben alle singenden Schrecken auch Hörorgane. Sie liegen allerdings an ungewöhnlichen Körperstellen: bei den Langfühlerschrecken in den Vorderbeinen, bei den Kurzfühler-

schrecken zu beiden Seiten des ersten Hinterleibsringes. Sowohl Männchen als auch Weibchen sind damit ausgestattet. Bei stummen Arten können die Gehörorgane fehlen. Singen können in der Regel (wie bei den Vögeln) nur die Männchen. Bei vielen Feldheuschrecken antworten die Weibchen aber den rufenden Männchen.

Die Gesänge sind in Rhythmus und Klangfarbe artspezifisch, und die Weibchen erkennen den Gesang der Männchen ihrer Art angeborenermaßen. Das verhindert Fehlpaarungen zwischen verschiedenen, im gleichen Biotop lebenden Arten. Nach der Paarung legen die Weibchen mit einem für die Heuschrecken charakteristischen Legeapparat die Eier in den Boden. Der Legestachel ist bei den Feldheuschrecken ziemlich kurz, bei den Laubheuschrecken aber lang säbelförmig.

Zu den charakteristischen Körpermerkmalen der Springschrecken gehört ein senkrecht zum Körper abgewinkelter Kopf mit untenliegenden, kauenden Mundwerkzeugen. Die großen Komplexaugen lassen auf ein gutes Sehvermögen schließen. Außerdem sind auf der Stirn 2–3 Punktaugen vorhanden. Die Fühler können sehr kurz oder mehrfach körperlang sein.

Zwischen Kopf und Brust ist ein breiter »Kragen« (Pronotum) ausgebildet, der auch die Seiten bedeckt. Sehr unterschiedlich sind die Flügel ausgebildet. Bei manchen Arten sind sie kurz oder fehlen ganz. Bei anderen bedecken die mehr als körperlangen oder deutlich kürzeren Vorderflügel die häutigen Hinterflügel. Viele unserer heimischen Arten fliegen wenig und meist nur kurze Strecken. Wanderheuschrecken legen aber große Entfernungen im

Flug zurück. In den beiden letzten Larvenstadien liegen die häutigen Hinterflügel über den härteren Vorderflügeln, woran man Larven von Imagines mit rückgebildeten Flügeln leicht unterscheiden kann.

Als Ersatz für das oft schlechte Flugvermögen dient die ausgezeichnete Leistung beim Springen. Das letzte Beinpaar ist dafür besonders lang und kräftig.

Pflanzenläuse (Sternorrhyncha)

Hierher gehören Blattflöhe, Schildläuse und Blattläuse. Blattläuse sind höchstens 7 mm große Insekten. In Mitteleuropa etwa 850 Arten, davon nur wenige Kulturschädlinge. Die meisten Arten bilden geflügelte und ungeflügelte Imagines aus, was offenbar von der Nahrung abhängt. Neben der artenreichen Familie der Röhrenläuse sind besonders die Baum- oder Rindenläuse (Lachnidae) erwähnenswert, weil von ihren Ausscheidungen der Waldhonig stammt.

Um an genügend Eiweißstoffe zu gelangen, müssen Blattläuse sehr viel Pflanzensaft aufnehmen. Den darin enthaltenen Zucker scheiden sie großenteils wieder aus. Dieser »Honigtau« ist bei Ameisen, Honigbienen und anderen Insekten sehr begehrt. Ameisen »melken« Blattläuse regelrecht, sorgen für die Verbreitung der Larven und verteidigen »ihre« Kolonien gegen Feinde. Die meisten Blattläuse bringen mehrere Generationen im Jahr hervor, wobei oft ein Wechsel zwischen ungeschlechtlicher Vermehrung (Jungfernzeugung) und geschlechtlicher Fortpflanzung (meist im Herbst) stattfindet. Blattlausfeinde sind verschiedene Schlupfwespen (S.150),

Grabwespen (S.158), Larven und Imagines von Marienkäfern (S.132), die Larven gewisser Schwebfliegen (S.182) und von Florfliegen (S.96).

Wanzen (Heteroptera)

Wanzen erfreuen sich im allgemeinen keiner großen Beliebtheit. Man denkt an Bettwanzen oder stinkende Blattwanzen. Tatsächlich ist die Ordnung mit Land- und Wasserformen recht vielgestaltig; sie umfaßt Arten von 10 cm Länge, aber auch lediglich 1 mm lange, und hat auch in unserem Klima einige farbenprächtige Arten hervorgebracht.

Allen Wanzen gemeinsam ist die unvollkommene Verwandlung, die eine große Ähnlichkeit der Jugendstadien mit den Reifestadien in Aussehen und Verhalten zur Folge hat. Ebenfalls gemeinsam ist den Wanzen ein schnabelartiger Rüssel, der ihnen auch die Bezeichnung Schnabelkerfe (zu dieser Gruppe gehören noch die Zikaden und Pflanzenläuse) eingetragen hat. Entsprechend nehmen sie ihre Nahrung saugend in flüssiger Form zu sich. Räuberische Arten pumpen Speichel in ihre Beute und saugen dann den vorverdauten Nahrungsbrei auf. Die Vorderbeine können zu Raubbeinen umgestaltet sein, mit denen die Beute ergriffen und festgehalten werden kann. Bei Wasserwanzen können die hinteren Beine zu Schwimmbeinen umgebildet sein.

Beide Flügelpaare sind im allgemeinen gut entwickelt, wobei das erste Paar als Deckflügel im vorderen Teil verhärtet ist. Die Flügelspitzen des ersten Paares und die Flügel des zweiten Paares sind häutig. Im Flug sind Vorder- und Hinterflügel durch einen Hakmechanismus miteinander verbunden. Typisch ist ein dreieckiges Schildchen zwischen den Ansatzstellen der Vorderflügel; bei den Schildwanzen bedeckt es oft den ganzen Rücken.

Viele Wanzenarten können wie die Heuschrecken mit besonderen Schrillorganen Laute erzeugen. Die Organe liegen bei den verschiedenen Gruppen an ganz verschiedenen Körperstellen und sind teilweise auch bei Weibchen und Larven zu finden. Entsprechend sind auch Hörorgane ausgebildet, teilweise in Form von Hörhaaren.

Wer freiwillig oder unfreiwillig schon einmal mit einer Blattwanze in Berührung kam, kennt den penetranten Geruch dieser Tiere. Bereits die Larven besitzen ein bis drei Stinkdrüsen auf der Oberseite des Hinterleibs. Bei den erwachsenen Tieren liegen die Mündungen der Drüsen mehr seitlich, die Drüsen selbst im hinteren Brustteil. Das Drüsensekret stellt eine Mischung flüchtiger organischer Säuren, Aldehyde, Alkohole und Ester dar. Das Sekret kann gezielt abgespritzt werden und als Kontaktgift andere Insekten rasch lähmen. Häufiger benetzen sich die Wanzen aber selbst mit ihrem Sekret und schützen sich so vor Freßfeinden. Besondere Einrichtungen sorgen dafür, daß sie sich dabei nicht selbst vergiften. Bei wasserlebenden Arten dienen die giftigen Ausscheidungen auch zur Abwehr von Mikroorganismen.

Käfer (Coleoptera)

Eine außerordentlich artenreiche, zur Gruppe der Insekten mit vollkommener Verwandlung gehörende Ordnung. Allerdings sind von den über 350 000 bekannten Arten nicht einmal 2 % (etwa 5600) in Mittel-europa heimisch. Neben winzigen Formen von knapp 0,3 mm Körperlänge wahre Riesen, wie ein südamerikanischer Bockkäfer mit etwa 16 cm Länge. Entsprechend vielfältig sind die Lebensweisen.

Die Larven der Käfer besitzen in der Regel drei gut entwickelte Laufbeinpaare an den Brustsegmenten. Es gibt aber auch madenartige Larven mit verkümmerten, selten ganz fehlenden Beinen. Die Mundwerkzeuge der Larven sind – wie die der Geschlechtstiere – meist beißend, seltener stechend-saugend. Viele Larven leben räuberisch, andere an und in Pflanzen. Als Schädlinge treten besonders im Holz nagende Arten (»Holzwürmer«) und an Wurzeln fressende Larven (»Engerlinge«) in Erscheinung. Die Larven von Wasserkäfern leben ebenfalls im Wasser, manche besitzen zur Atmung Tracheenkiemen. Die Puppenhülle liegt den Tieren in der Regel nicht eng an (freie Puppen) und besteht oft aus einer Mischung von Kot, Drüsensekreten, Erde und anderen Fremdmaterialien.

Bezeichnend für die Käfer sind die stark sklerotisierten (verhärteten) Vorderflügel (Elytren), unter denen die häutigen Flugflügel Schutz fin-

Nur die häutigen Hinterflügel der Käfer dienen der Fortbewegung.

den. Da das zweite Flügelpaar meist länger ist als das erste, sind die Flügel vielfach kunstvoll zusammengefaltet. Besonders kompliziert ist dies bei den Kurzflüglern (Staphylinidae). Während des Fluges werden die Deckflügel in der Regel wie die Flügel eines Flugzeuges starr abgespreizt und sind wie diese am Auftrieb beteiligt. Seltener bleiben die Elytren im Flug angelegt, wie beim Rosenkäfer. Manche Arten sind durch rückgebildete Flügel flugunfähig.

Die meisten Käfer besitzen kräftige, kauende Mundwerkzeuge. Da ihnen längere saugende Rüssel fehlen, kommen sie für die Blütenbestäubung nur für solche Pflanzen in Betracht, die – wie die Doldenblütler – ihren Nektar offen darbieten. Die Komplexaugen sind meist gut ausgebildet, bei Höhlenbewohnern rückgebildet oder fehlend. Sehr unterschiedliche Bildungen findet man bei den Antennen: Bei den Bockkäfern sind sie oft länger als der Körper, beim Maikäfer kammförmig, bei anderen Arten kurz und einfach. Im allgemeinen sind die Beine leistungsfähige Laufbeine, sie können aber auch zu Grab- und Schwimmbeinen umgebildet sein.

Verschiedene Käferarten besitzen mit Schrillorganen an verschiedenen Körperstellen die Fähigkeit zur Lauterzeugung. Dabei wird fast immer eine scharfe Kante über eine geriefte Fläche gestrichen. Im Gegensatz zu den Heuschrecken werden die Laute aber nicht zum Anlocken des Geschlechtspartners, sondern zur Abwehr von Feinden eingesetzt. Entsprechend fehlen Hörorgane. Der Feindabwehr dienen auch Wehrdrüsen, mit denen z.T. gezielt ätzende Sekrete abgespritzt werden können (Bombardierkäfer). Grelle Warnfarben unterstützen oft solche Abwehrmechanismen. In manchen Gruppen sind Leuchtorgane vorhanden, die dem Finden der Geschlechter dienen.

Käfer ernähren sich auf sehr vielfältige Art und Weise. Es gibt hochspezialisierte Räuber, wie die blattlausfressenden Marienkäfer oder manche schneckenfressende Laufkäfer. Auch die reinen Pflanzenfresser sind oft spezialisiert auf bestimmten Pflanzen oder Pflanzenteile (z.B. Erlen-Blattkäfer). Aas- und Dungfresser spielen eine wichtige ökologische Rolle im Stoffkreislauf. Manche holzbohrende Arten haben sich auf die Pilzzucht verlegt. Während reine Parasiten selten sind (z.B. die im Biberpelz lebende »Biberlaus«), führen viele Arten ein Leben als Kommensalen (Mitesser) oder Symbionten in den Nestern von Ameisen oder Termiten.

Hautflügler (Hymenoptera)

Bereits in der Körpergröße zeigt sich die Vielfalt dieser Insektenordnung: Neben 60 mm langen Arten gibt es auch solche, die nur 0,2 mm groß werden und damit zu den kleinsten Insekten überhaupt gehören. Als hoch entwickelte, z.T. staatenbildende Gruppe mit mehr oder weniger ausgeprägter Brutpflege gehören die Hautflügler zu den Insekten mit vollkommener Verwandlung. Neben buntschillernden Goldwespen finden sich stark behaarte Bienen und Hummeln. Doch reicher noch als die Körperformen und -farben sind die Lebensformen, die bis zu kompliziert strukturierten Sozialstaaten mit extremer Arbeitsteilung reichen.

Bei den Larven der Hautflügler findet man teilweise madenartige For-

Das Nest der Sächsischen Wespe findet man in Dachböden und Schuppen.

Die Deutsche Wespe baut ihre Nester bevorzugt in Erdhöhlen.

men mit unstrukturiertem Körper, fehlenden Extremitäten und kaum entwickelten Sinnesorganen. Es handelt sich bei ihnen meist um von tierischer Nahrung lebende Larven. Auf der anderen Seite stehen die vegetarisch lebenden Larven der Pflanzenwespen, die bereits an die agilen Raupen der Schmetterlinge erinnern: Sie besitzen eine entwickelte Kopfkapsel mit gut ausgebildeten Augen und Mundwerkzeugen, drei Brustbeinpaare und mehrere Bauchfußpaare am Hinterleib (Afterraupen z. B. der Blattwespen; vgl. S. 148).

Die Puppe der Hautflügler ist eine sogenannte freie Puppe, d. h. die Hülle liegt dem sich verwandelnden Tier nicht eng an. Sie besteht meist aus einem Kokon, dessen Seide aus umgewandelten Speicheldrüsen stammt.

Die Imagines der Hautflügler besitzen in der Regel zwei häutige Flügelpaare. Die Vorderflügel sind oft etwas größer. Im Flug sind Vorder- und Hinterflügel durch eine Kopplungsvorrichtung miteinander verbunden, so daß der Eindruck eines Zweiflüglers entstehen kann. Bei manchen Arten sind die Flügel mehr oder weniger rückgebildet und fehlen manchmal (bei einem Geschlecht) ganz. Besondere Bildungen vor allem an den Hinterbeinen der Bienen sowie eine starke Behaarung stehen im Dienst des Pollensammelns.

Nur bei den Pflanzenwespen (Symphyta; S. 148) setzt der Hinterleib breit an den Brustteil an. Alle anderen Hautflügler besitzen die bekannte Wespentaille, die eine hohe Beweglichkeit gewährleistet. Viele Pflanzenwespen besitzen einen langen Legestachel, mit dem die Eier in Substrate und Ritzen gelegt werden können. Bei vielen Bienen und Wespen hat sich daraus ein Giftstachel entwickelt, der sowohl der Verteidigung als auch dem Beuteerwerb dient. Die als Larvennahrung dienende tierische Beute wird nur gelähmt, so daß während der Larvenentwicklung keine Fäulnis eintritt. Bei manchen Arten hat der Stachel beide Funktionen – als Legeapparat und als Waffe.

Bei der Fortpflanzung herrscht Zweigeschlechtigkeit vor. Die Entwicklung unbefruchteter Eier (Jungfernzeugung) kann nur zu Männchen führen (Honigbiene), nur zu Weibchen oder aber auch zu Männchen oder Weibchen. Bei Ameisen, vielen Bienen und Faltenwespen ist mit der Ausbildung von Familienstaaten eine teilweise hochentwickelte Brutpflege verbunden.

Die Wespen bauen Nester aus abgeschabtem Holz. Der innere Wabenteil mit der Brut ist in der Regel von einer mehrschichtigen Hülle umgeben, die der Wärmeisolierung und dem Feuchtigkeitsschutz dient. Während die Langkopfwespen *(Dolichovespula media, D. saxonica, D. norvegica, D. silvestris)* ihre Nester meist frei in Bäumen, Sträuchern, an Felsen und unter Dächern anbringen (letzteres vor allem die Sächsische Wespe), bevorzugen die Kurzkopfwespen *(Paravespula rufa, P. germanica, P. vulgaris)* in der Regel Erdhöhlen als Niststandort.

Zweiflügler (Diptera)

Diese artenreiche Insektenordnung umfaßt im wesentlichen die Fliegen und Mücken. Ursprünglich besitzen auch sie zwei Flügelpaare. Das hintere ist jedoch bis auf winzige Reste reduziert. Als sogenannte Schwingkölbchen sind diese Flügelreste besonders bei den großen Schnaken noch gut zu erkennen. Als Insekten mit vollkommener Verwandlung unterscheiden sich die Larvenstadien in Aussehen und Lebensweise meist grundsätzlich von den beflügelten Reifestadien. Zwischengeschaltet ist ein Puppenstadium, in dem die Verwandlung stattfindet.

Die Larven der Zweiflügler sind bei aller Vielfalt der Form und Lebensweise meist typische Maden, wurmähnliche Gebilde ohne echte Extremitäten (allenfalls stummelförmige Ersatzorgane), vielfach auch ohne deutliche Kopfbildung. Ihre Lebensweisen sind so vielfältig wie ihr Aussehen. Sehr viele Fliegen- und Mückenlarven leben im Boden oder Wasser von organischen Abfällen (Detritusfresser). Andere an oder in lebenden Pflanzen, wo sie Gänge fressen (minieren) oder Gallen verursachen. Es gibt auch räuberisch und parasitisch lebende Larven, die dann – ähnlich wie die Schlupfwespen – in der biologischen Schädlingsbekämpfung eine wichtige Rolle spielen können. Häufig findet man auch Dipterenlarven in den Nestern sozialer Insekten, von Vögeln oder Säugetieren, wo sie teils harmlos von den Abfällen, teils als Räuber oder Parasiten leben.

Die Larven mancher Arten leben in sauerstoffarmem Faulschlamm am Grund von Gewässern oder in jaucheartigen Flüssigkeiten. Sie besitzen oft besondere Atmungsvorrichtungen. So findet man bei verschiedenen im Bodenschlamm lebenden Zuckmückenarten sogenannte Blutkiemen, wobei das Vorhandensein eines roten Blutfarbstoffs sehr ungewöhnlich ist im Insektenreich. Aus Regenwassertonnen und Jauchegruben sind die sogenannten Rattenschwanzlarven von verschiedenen Schwebfliegenarten bekannt; der »Schwanz« ist ein Atemrohr, mit dem sie Sauerstoff von der Oberfläche der Flüssigkeit aufnehmen.

Das Puppenstadium ist in zwei sehr unterschiedlichen Formen ausgebildet: Bei den Mücken und niederen Fliegen findet man eine recht bewegliche Mumienpuppe, während bei den höheren Fliegen eine wenig gegliederte und weniger bewegliche Tönnchenpuppe, ein hartes, dunkel gefärbtes Gebilde, die Regel ist.

Die flugfähigen Reifestadien (Imagines) unterscheiden sich vielfältig nach Größe und Gestalt. In den Tropen leben die größten Fliegen mit einer Körperlänge von fast 8 cm und einer Flügelspannweite von 10 cm. Die heimischen Mücken und Fliegen schwanken in der Größe zwischen 1mm und 25 mm Körperlänge. Die Fühler sind bei den Mücken sechsgliedrig, fadenförmig und oft recht lang, bei den (höheren) Fliegen hingegen kurz und dreigliedrig. Durch den Druck des Gegenwindes auf die Fühler können Fliegen ihre Fluggeschwindigkeit registrieren. Stechmückenmännchen besitzen kompliziert gebaute Hörorgane, mit denen sie den Flugton der Weibchen wahrnehmen können.

Sofern die Imagines überhaupt Nahrung aufnehmen, geschieht dies in flüssiger oder durch Speichel verflüssigter Form. Die Mundwerkzeuge sind entsprechend als Saugrüssel ausgebildet. Neben Nektar und anderen Pflanzensäften dient Blut und verflüssigte Körpersubstanz (z. B. anderer Insekten) als Nahrung. Bei vielen Mücken saugen nur die Weibchen Blut, während die Männchen von Nektar leben. Die bedeutende Rolle vieler Fliegen für die Blütenbestäubung wird oft verkannt. Neben 1–3 Punktaugen besitzen die Zweiflügler je nach Lebensweise größere oder kleinere Komplexaugen, die bei manchen Arten (z. B. Bremsen) oft farbenprächtig schillern.

Das gut ausgebildete erste Flügelpaar erlaubt den Zweiflüglern in Verbindung mit den als Stabilisatoren wirkenden Schwingkölbchen einen schnellen und gut ausgesteuerten Flug. Ähnlich wie bei den Libellen schwingen die Schwingkölbchen (das hintere Flügelpaar) gegensinnig zu den Vorderflügeln. Mit dieser Ausrüstung haben es viele höhere Fliegen zu wahren Flugkünstlern gebracht. Sie können in der Luft stehen, rasch wenden, hohe Geschwindigkeiten erreichen und in jeder Körperlage landen. Manche Bremsen erreichen (wie Libellen) eine Fluggeschwindigkeit von ungefähr 40 km/h. Die zarter gebauten Mücken sind meist langsamere Flieger, die oft vom Wind fortgeblasen werden. Die Männchen bilden oft riesige Tanzschwärme, aus denen heraus sie anfliegende Weibchen packen und begatten. Bei parasitisch oder an windigen Extremstandorten lebenden Arten sind die Flügel oft zurückgebildet oder werden abgeworfen. Die Flügel spielen auch bei der Balz mancher Arten eine Rolle.

Jugendstadien der Insekten

Bei Insekten mit vollkommener Verwandlung unterscheidet sich das Jugendstadium vom Reifestadium so grundlegend, daß man Larve und Imago kaum als ein und dieselbe Art, geschweige denn als ein und dasselbe Individuum ansprechen würde, hätte man nicht das Wunder der Metamorphose selbst einmal gesehen. Die beiden Stadien unterscheiden sich nicht nur im Aussehen, sondern oft auch in Ernährung und Lebensweise, in Lebensraum und Verhalten. Ganz allgemein sind die Larven auf Fressen und Wachsen, die Imagines auf Vermehrung und Verbreitung spezialisiert. So ist der Aktionsradius der meisten Larven sehr begrenzt (wandernde Raupen sind eher die Ausnahme), und viele Fluginsekten nehmen keinerlei Nahrung auf.

Auch hinsichtlich Lebensraum und ökologischer Rolle unterscheiden sich die beiden Entwicklungsphasen so grundlegend, daß man nicht wie bei anderen Tieren und Pflanzen von einer ökologischen Nische der Art sprechen kann. Zum Beispiel leben viele Insektenlarven als Abfallfresser in der Bodenstreu und gehören damit in die ökologische Gruppe der Zersetzer (Destruenten). Nach der Verpuppung ernähren sie sich vielleicht von Blütennektar und gehören damit in die ökologische Gruppe der Konsumenten erster Ordnung.

Entsprechend unterschiedlich ist die Bedeutung, die sie etwa als Nahrungsquelle für andere Tiere spielen. So mögen die Larven eines (bodenlebenden) Insekts die Nahrung von Kröten, Drosseln und Igeln sein, während ihre Flugstadien Spinnen und Schwalben ernähren. Besonders deutlich ist der Unterschied bei Arten, deren Larven im Wasser leben. So dienen die zu Millionen im Bodenschlamm von Teichen und Seen lebenden Larven von Zuck-

und Büschelmücken bodenwühlenden Fischen und verschiedenen Entenarten als wichtige Nahrung. Ihre Flugformen, die beim Schlüpfen und nach der Eiablage in Mengen die Wasseroberfläche bedecken, sind für andere Fischarten ein Schmaus und füllen in der Zeit ihres aktiven Flugs Spinnennetze, die Mägen von Trauerseeschwalben und die Kröpfe vieler Singvögel und ihrer Jungen.

Ähnlich wie bei den Amphibien, verbringen viele Insekten ihre Jugendzeit im Wasser, während die Reifestadien allenfalls zur Eiablage das Wasser aufsuchen, sonst aber ganz andere Lebensräume – zum Beispiel Wälder oder Wiesen – bewohnen.

Die menschliche Eigenschaft, alles in gut und schlecht, in nützlich oder schädlich einzuteilen, gerät angesichts solcher Unterschiede in Zwiespalt. So lieben alle Menschen die bunten Tagfalter, die um Gartenblumen oder über Wiesen gaukeln, ihre Raupen aber werden oft von den gleichen »Naturfreunden« mitsamt den Brennesseln oder anderen Wildkräutern, auf denen sie leben, ohne Zögern vernichtet.

Bedeutung der Insekten im Naturhaushalt

Die außerordentliche Häufigkeit und Vielfalt der Insekten läßt schon vermuten, welch bedeutende Rolle sie im Naturhaushalt spielen. Obwohl grundsätzlich in der belebten Natur ein kleiner Stoffkreislauf möglich ist, an dem nur Pflanzen am Aufbau organischer Substanz und Bakterien an ihrem Abbau beteiligt sind, besteht doch das Gewebe des Lebens aus einer unglaublichen Vielzahl tierischer Zwischenstufen:

Die einen nehmen direkt pflanzliche Stoffe auf und verwandeln sie in eine Vielzahl körpereigener (tierischer) Substanzen. Andere wiederum ernähren sich (räuberisch, parasitisch oder als Aasfresser) von diesen tierischen Substanzen. Im Insektenreich finden sich in immer neuen Variationen sämtliche Lebensformen.

Besonders intensiv und spezialisiert sind die Beziehungen zwischen

Pflanzen und Insekten. Am bekanntesten sind die wechselseitigen Anpassungen von Blüten und bestäubenden Insekten. Form, Konstruktion, Farbe, Duft, Jahres- und Tagesrhythmus vieler Blüten sind so genau auf bestimmte Insekten abgestimmt, daß man den Eindruck gewinnt, dem Ganzen läge ein genau durchdachter Plan zugrunde. Umgekehrt zeigen auch die bestäubende Insekten erstaunliche Anpassungen in Körperbau, Sinnesausstattung und Verhalten an die Eigenheiten ihrer Wirtspflanze. Man nennt derart offensichtliche wechselseitige Anpassung Coevolution und beschreibt damit einen über viele Jahrmillionen abgelaufenen Veränderungsprozeß eines Artenpaars. In diesem Zusammenhang muß man allerdings die spezifisch menschliche Wahrnehmung erwähnen: Weil wir Augenwesen sind, fallen uns leuchtend bunte Blüten besonders auf. Es gibt aber viele Hinweise dafür, daß es im Bereich feinster Duft- und Geschmacksstoffe vielleicht noch mehr wechselseitige Anpassungen zwischen Pflanzen und Tieren gibt. Generell sind alle Tiere und Pflanzen mehr oder weniger nicht nur an ihre unbelebte, sondern auch an ihre belebte Umwelt angepaßt.

Die Beweglichkeit der Insekten nützt den ortsgebundenen Pflanzen aber nicht nur bei der Übertragung von Blütenstaub zwischen entfernt voneinander wachsenden Individuen. (Fremdbestäubung ist eine Voraussetzung für erbliche Variabilität und damit für Anpassung.) Auch bei der Ausbreitung von Pflanzen funktioniert die Zusammenarbeit zwischen Pflanze und Insekt – auch wenn Wind, Wasser, Vögel und andere Tiere dabei eine größere Rolle spielen. Eine ganze Reihe von Pflanzensamen (z. B. von Veilchen oder Wolfsmilcharten) besitzen nährstoffreiche Anhängsel, die von Ameisen sehr geschätzt werden. Durch den Transport der Samen werden sie weit in der Umgebung verteilt.

Ein sehr merkwürdiges Zusammenwirken zwischen Pflanze und Insekt stellen die sogenannten Gallen dar. Das sind spezifisch geformte Wucherungen des pflanzlichen Gewebes, die dort entstehen, wo Gallmilben, Gallmücken, Gallwespen, oder bestimmte Blattwespen, Blattläuse, Schmetterlinge oder Rüsselkäfer ein Ei abgelegt haben. Die Galle bietet den darin heranwachsenden Larven nicht nur idealen Schutz und reichlich Nahrung, sondern oft auch noch ein besonderes Mikroklima mit erhöhten Temperaturen. Es sieht also gar nicht so aus, als handele es sich bei der Gallbildung nur um eine Abwehrreaktion. Was allerdings der Vorteil für die Pflanze sein soll, ist nicht erkenntlich. Aber zumindest scheint es ihr nicht zu schaden. Gallbildungen sieht man besonders häufig an Eichen- und Buchenblättern (Kugeln oder Stifte), an Rosen (Büschel) und an den Triebspitzen von Fichten (ananasförmig).

Doch nicht nur in der Pflanzenwelt, auch für die Tierwelt spielen Insekten eine ganz große Rolle. Vor allem als riesiges und oft einziges Nahrungsreservoir. So könnten in den baumlosen Tundren ebenso wie in den meisten Wäldern nur wenige Singvogelarten ihre Jungen aufziehen, wenn ihnen nicht das eiweißreiche Insektenfutter zur Verfügung stünde. Überhaupt wäre die Artenvielfalt der Wirbeltiere ohne die Insektenfresser gewaltig eingeschränkt. Und von den Fischen bis zum Menschen spielen Insekten oder deren Produkte (z. B. Honig) in fast allen Gruppen eine mehr oder weniger bedeutende Rolle für die Ernährung.

Bedeutung der Insekten für den Menschen

Trotz dieser in vielfältigster Weise lebentragenden und lebenfördernden Bedeutung der Insekten werden sie von vielen Menschen vor allem mit dem Begriff »Schädling« in Verbindung gebracht. Tatsächlich läßt sich nicht leugnen, daß viele Insekten Kulturpflanzen und menschliche Nahrungsvorräte mitnutzen, Haustiere und uns selber belästigen, Krankheiten erzeugen oder übertragen. Im Kampf gegen Schadinsekten und Krankheitserreger mit Mitteln der Chemie (Pestizide) und Hygiene haben aber zumindest die Industrieländer bereits eine Art Pyrrhussieg errungen. Die chemische Schädlingsbekämpfung in der Landwirtschaft hat zu schweren Schädigungen des gesamten Ökosystems geführt, da es kaum ein Gift gibt, das nicht auch die harmlosen oder nützlichen Arten trifft.

Die natürliche Artenvielfalt der Insekten weist schon darauf hin, daß hier ein kompliziertes System von sich gegenseitig kontrollierenden Populationen entstanden ist. Räuberische oder schmarotzende Arten halten die Populationen pflanzenfressender Arten in Schach, so daß es unter natürlichen Bedingungen selten zu Massenvermehrungen einer Art kommt. Erst die großflächigen Monokulturen in der Land- und Forstwirtschaft und die chemischen Eingriffe in das balancierte System der Arten haben zu Problemen geführt, die eine immer härtere Gangart erforderten. So ist die als Rote Spinne gefürchtete Spinnmilbe erst dadurch zum Obstbaumschädling geworden, daß man durch die Ausbringung von Giften ihre Hauptfeinde, verschiedene Raubmilbenarten, vernichtete.

Nicht nur einzelne Arten sind gegen Gifte immuner als andere, auch einzelne Individuen einer Art sind es. Daraus können sich resistente (gegen die eingesetzten Pestizide unempfindliche) Linien entwickeln, so daß immer neue Ungleichgewichte entstehen – auch wenn die Agrarchemie mit ständig neuen Giften auf solche Veränderungen zu reagieren versucht. Zumindest im Obstbau versucht man daher seit geraumer Zeit im »integrierten Pflanzenschutz« auf Routinespritzungen zu verzichten, die Entwicklung der Schädlingspopulationen genau zu verfolgen und nur beim Überschreiten sogenannter Schadensschwellen möglichst selektiv einzugreifen. Außerdem sorgt man für widerstandskräftige Pflanzen durch opti-

Durch Gitter geschützter Bau der Roten Waldameise. Als Vertilger von Schadinsekten wird diese Art gezielt gefördert.

male Wuchsbedingungen und fördert nützliche Arten wie Raubinsekten und Singvögel.

Die allgemeine, auf ökologische Zusammenhänge wenig bis gar nicht Rücksicht nehmende Verwendung von Breitbandinsektiziden in der Land- und Forstwirtschaft hat in Verbindung mit intensivierter Bewirtschaftung und Lebensraumvernichtung zu einem dramatischen Rückgang von Insekten überhaupt und speziell von bestimmten Arten geführt. Sichtbare Folge davon sind nicht nur Wiesen ohne Schmetterlinge, sondern auch ausgeräumte Agrarlandschaften ohne Lerchen, ohne Rebhühner und Wachteln. Nachweislich fehlt diesen und vielen anderen »Kulturfolgern« in zunehmendem Maß die Insektennahrung für die Jungenaufzucht.

Beobachten, Sammeln und Züchten von Insekten

Zweck dieses Bestimmungsbuches ist es, dem Benutzer das Kennenlernen der Insekten im Freien zu ermöglichen. Die Einordnung eines Fundes in eine bestimmte Gruppe oder die genaue Artbestimmung ist aber nur eine von vielen Möglichkeiten, sich mit der faszinierenden Welt der Insekten zu beschäftigen. Wer hier größere Fortschritte erzielen möchte, wird sich zum einen auf bestimmte Gruppen beschränken und außerdem eine Sammlung zulegen wollen. Denn viele Arten sind erst bei genauerer Betrachtung zu bestimmen, und eine Sammlung mit genauer Beschriftung ermöglicht jederzeit den Vergleich eines Fundes und damit seine präzise Bestimmung.

Zunächst sollte man sich aber mit den Lebensgewohnheiten der Insekten vertraut machen, indem man sie in ihrer natürlichen Umgebung geduldig beobachtet. Bereits in der Wohnung kann man das Verhalten von Stuben-, Aas- oder Essigfliegen im Flug, bei der Nahrungsaufnahme, bei Balz und Kopulation oder bei der Eiablage studieren. Oder man kann – über die Welt der Insekten hinaus – Spinnen beim Netzbau und bei der Nahrungsaufnahme zusehen, Silberfischchen bei ihrem hurtigen Treiben beobachten oder feststellen, wie Springschwänze im Blumentopf auf das Gießen reagieren. Im und am Haus lassen sich auch oft Wespen oder Hornissen beim Nestbau beobachten, wie sie kunstvoll Schicht um Schicht von abgenagtem und mit Speichel vermischtem Holz zu einem Bau von bewundernswerter Funktionalität und Schönheit zusammenfügen.

Interessant ist es auch, den vielen Blütenbesuchern im Garten zuzuschauen, den Tagfaltern mit ihren langen, aufrollbaren Rüsseln, den rasanten Schwebfliegen, den Bienen und Hummeln, den Weichkäfern, die anderen Blütenbesuchern auflauern. Da wird einem so manches Wunder wechselseitiger Anpassung zwischen Blüte und Insekt deutlich. Wer ein bißchen experimentell veranlagt ist, kann einfache Versuche zur Farbwahrnehmung und Farbstetigkeit bei Honigbienen anstellen: Ein flaches Glasschälchen mit konzentriertem Zuckerwasser wird auf ein Stück farbiges Papier gestellt und bei sonnigem Wetter 2–3 Stunden im Freien den Bienen (eines möglichst nahen Bienenstocks) angeboten. Dann stellt man mehrere Schälchen auf verschiedenfarbige Unterlagen und wechselt den Platz der Dressurfarbe. Die meisten Bienen werden weiterhin die Dressurfarbe anfliegen. Mit verschiedenen Geruchsstoffen läßt sich auf ähnliche Weise der Geruchssinn der Bienen testen.

Früher war das Sammeln von Insekten fast so etwas wie eine Mode. Naturbegeisterte zogen mit Botanisiertrommel und Fangnetz hinaus – und hatten es vor allem auf bunte Schmetterlinge abgesehen. Mit Sicherheit hat nicht dieses Hobby, sondern die großflächige Zerstörung von Lebensräumen zum Niedergang vieler Arten geführt. Dennoch wäre es heute unverantwortlich, seltene und in ihrem Bestand bedrohte Arten wie Apollofalter, Schwalbenschwanz oder Hirschkäfer auch nur in Einzelstücken zu fangen. (Früher legte man sich gleich ganze Serien einer Art zu.) Außerdem sind heute fast alle prächtigen Insektenarten geschützt, so etwa alle Libellen, viele Springschrecken, Käfer und Falter. Von ihnen dürfen nicht einmal Einzelexemplare gefangen und getötet werden.

Einen guten Ersatz für die althergebrachte Insektensammlung (die auch ihre Mühen und Platzprobleme hatte) stellen Fotos dar. Mit einer guten Makro-Ausrüstung lassen sich ausgezeichnete Farbfotos auch von kleineren Insekten in freier Wildbahn machen. Dazu empfiehlt sich eine größere Brennweite (z. B. 100 mm bei Kleinbildkameras), die es einem gestattet, Großaufnahmen aus einer Entfernung zu machen,

Eine Libelle (Keiljungfer) schlüpft aus der Larvenhülle.

aus der flüchtige Tiere nicht verjagt werden.

Eine reizvolle Sache ist es auch, Insekten zumindest während ganz bestimmter Entwicklungsphasen in Terrarien oder Aquarien zu halten. Wasserkäfer und Wasserwanzen sind interessante Studienobjekte für ein Aquarium, auch die Larven von Mücken, Eintags- und Köcherfliegen. Will man sie allerdings länger als nur einige Stunden beobachten und halten, muß man genügend über ihre Lebensraum- und Nahrungsansprüche wissen und versuchen, sie so gut wie möglich zu erfüllen. So können beispielsweise Köcher- oder Steinfliegen aus sauerstoffreichen Bächen nicht in einem ungelüfteten Becken mit schlammigem Boden untergebracht werden.

Veränderliche Krabbenspinne

oben und Mitte links

Misumena vatia (Fam. Krabbenspinnen/Thomisidae)

Merkmale/ähnliche Arten: Allgemeines zur Anatomie und Biologie der Spinnen finden Sie in der Einleitung auf S. 10 ff. Die Männchen dieser Art werden 4 mm groß und sind auf weißem bis grünlichem Grund dunkelbraun gezeichnet. Weibchen 10 mm, gelb, gelbgrün oder weiß, oft mit rötlichen Flanken; Färbung kann dem Untergrund angeglichen werden. Wie bei allen Krabbenspinnen sind die beiden ersten Beinpaare verlängert und werden seitlich ausgebreitet getragen. **Verbreitung/Lebensraum:** Im nördlichen Alpenvorland und zentralen Mitteleuropa ziemlich häufig, auf Trockenrasen und an sonnigen Waldrändern. **Lebensweise/Fortpflanzung:** Fängt blütenbesuchende Insekten bis zur Größe von Honigbienen und Schmetterlingen, baut keine Netze. Ausgewachsene Tiere findet man von Mai bis Juli.

Blütenspinne

Mitte rechts

Thomisus onustus (Fam. Krabbenspinnen/Thomisidae)

Merkmale/ähnliche Arten: Männchen und Weibchen je etwas kleiner als vorige Art, Hinterleib trapezförmig, Körperfarbe meist gelb, in Südeuropa auch weiß oder rosa. **Verbreitung/Lebensraum:** Eine wärmeliebende Art, die auf Trockenrasen in Weinbaugebieten vorkommt. **Lebensweise/Fortpflanzung:** Sucht sich Blüten, die der eigenen Färbung entsprechen, um Beutetieren aufzulauern; Farbanpassung fraglich. Wehrhafte Insekten werden durch Nackenbiß schnell getötet. Alttiere ab Mai.

Baldachinspinne

unten

Linyphia triangularis (Fam. Baldachinspinnen/Linyphiidae)

Merkmale/ähnliche Arten: Mit rund 300 heimischen Arten bilden die Baldachinspinnen (mit Zwergspinnen) unsere artenreichste Spinnenfamilie. Unsere Art (5–7 mm lang) ist an einer dunklen U-förmigen Zeichnung auf dem Brustrücken von Verwandten zu unterscheiden. **Verbreitung/Lebensraum:** In Mitteleuropa verbreitet und sehr häufig. **Lebensweise/Fortpflanzung:** Sie weben ein horizontales Netz (Baldachin), über dem ein Gewirr von Fäden Fluginsekten zum Abstürzen bringt, die dann von der unter dem Netz lauernden Spinne gegriffen werden. Die in Büschen und hohem Gras angebrachten Netze der in Mitteleuropa sehr häufigen Art fallen besonders im Spätsommer und Herbst auf, wenn Tau darauf liegt. Die kleineren Männchen kämpfen um die Weibchen. Balz und Paarung dauern oft mehrere Stunden.

Gewöhnliche Kreuzspinne

oben Spinne, unten links Netz

Araneus diadematus (Fam. Radnetz- oder Kreuzspinnen/Araneidae)

Merkmale/ähnliche Arten: Durch ihre auffallenden und schönen Netze gehören die Radnetzspinnen zu den bekanntesten Spinnen. Die rund 50 heimischen Arten lassen sich von den ähnlichen Baldachinspinnen (S. 30) durch ihre Netze und ihr »Gesicht« unterscheiden: Ihre Augen liegen dicht über den Giftklauen (Cheliceren), die der Baldachinspinnen hoch am Oberrand der Stirn. Die Netze bestehen aus radialen Spannfäden und einer Fangspirale mit Klebtropfen. Die Weibchen der Gewöhnlichen oder Garten-Kreuzspinne gehören mit 15 mm Körperlänge zu unseren größten Spinnen. Charakteristisch ist das weiße Kreuzmuster auf dem schwarzbraunen bis gelbbraunen Hinterleib. Ähnlich gezeichnet sind *A. quadratus* mit 4 weißen Flecken und *A. marmoreus* mit marmoriertem Rücken. Die Arten lassen sich auch an der Form der Netze unterscheiden. **Verbreitung/Lebensraum:** In Mitteleuropa weit verbreitet und häufig. **Lebensweise/Fortpflanzung:** Die Tiere sitzen meist im Zentrum des Netzes, gelegentlich auch in einem seitlichen Schlupfwinkel. Im Spätsommer nähert sich das nur 5–10 mm große Männchen dem Weibchen vorsichtig, spinnt einen Werbfaden, an dem es solange zupft, bis das Weibchen seine Paarungsbereitschaft erkennen läßt, indem es sich reglos am Werbfaden hängen läßt. Die Paarung geschieht dann blitzschnell. Das Weibchen legt im Gras mehrere Eikokons ab, die außen mit gelber Fadenwatte umgeben sind. Die Jungen schlüpfen im nächsten Frühjahr, überwintern halbwüchsig und werden erst im August des folgenden Jahres geschlechtsreif.

Wespenspinne

unten rechts

Argiope bruennichi (Fam. Radnetz- oder Kreuzspinnen/Araneidae)

Merkmale/ähnliche Arten: Mit ihrem schwarz-gelb gebänderten Hinterleib gehört die 15 mm (in Südeuropa bis 20 mm) große Wespenspinne zu unseren auffälligsten und kaum verwechselbaren Spinnen. Typisch ist auch ihr Radnetz, das im Zentrum ein weißes Gespinst aufweist, von dem nach oben und unten je ein weißes Zickzackband (Stabiliment) ausgeht. **Verbreitung/Lebensraum:** Verbreitet, aber nicht häufig. Bevorzugt werden warme, sonnige Lagen mit kurzer Vegetation, von Trockenrasen bis Sumpfwiesen, auch Schuttplätze und Kiesgruben. **Lebensweise/Fortpflanzung:** Das Netz wird dicht über dem Boden zwischen Grashalme gespannt. Die Spinne sitzt stets im Zentrum. Bei Beunruhigung bringt sie sich und das Netz in Schwingung, wodurch wohl Feinde abgewehrt werden. Das nur 5 mm große Männchen nähert sich im Spätsommer vorsichtig dem Weibchen, wird aber meist noch während der Paarung eingesponnen und anschließend verspeist. Die Jungen schlüpfen im Herbst, bleiben den Winter über aber im Eikokon und verlassen ihn erst im Mai; 2–3 Monate später sind sie erwachsen.

Harlekin- oder Zebra-Springspinne

oben links

Salticus scenicus (Fam. Springspinnen/Salticidae)

Merkmale/ähnliche Arten: Die Springspinnen (etwa 70 heimische Arten) sind an ihren zwei großen mittleren Augen zu erkennen; seitlich schließen sich daran drei kleinere Augenpaare an. Weiterhin typisch für die Familie sind gedrungener Körperbau und gutes Springvermögen. Unsere Art wird 5–7 mm groß und ist auffallend schwarz-weiß gestreift. **Verbreitung/Lebensraum:** In Mitteleuropa verbreitet und häufig; bevorzugt in Gebäuden, wo man sie das ganze Jahr über antreffen kann. **Lebensweise/Fortpflanzung:** Die Frontalaugen der Springspinnen gehören zu den leistungsfähigsten Spinnenaugen (vgl. Foto S. 10). Sie sind wie ein Teleobjektiv gebaut und besitzen eine bewegliche Netzhaut, mit der eine Veränderung des Sehwinkels wie bei beweglichen Augen möglich ist.

Listspinne, Jagdspinne

oben rechts

Dolomedes fimbriatus (Fam. Raubspinnen/Pisauridae)

gesch.

Merkmale/ähnliche Arten: Die Raubspinnen (mit 3 heimischen Arten) ähneln den Wolfspinnen (S. 36); sie unterscheiden sich von ihnen durch die Stellung der beiden hinteren Augenpaare. Mit 18 bis über 20 mm Körperlänge unsere größte Spinne. Typisch ist der helle Flankenstreifen an Vorder- und Hinterkörper; am Hinterleibsbauch 4 helle Längslinien (bei der ähnlichen, aber seltenen *D. plantarius* nur 2). **Verbreitung/Lebensraum:** In Mitteleuropa verbreitet und in geeigneten Lebensräumen nicht selten. Am Ufer von Gewässern in Mooren und Bruchwäldern. **Lebensweise/Fortpflanzung:** Jagt gerne auf und unter Wasser und erbeutet sogar Kaulquappen und kleine Frösche. Die Tiere sind ab Mai des 2. Jahres geschlechtsreif. Brutfürsorge ähnlich wie bei den Wolfspinnen, der kugelige Kokon mit einigen hundert Eiern wird aber (ab Ende Juni) mit den Cheliceren getragen. Kurz vor dem Schlüpfen der Jungen wird der Kokon unter ein dachförmiges Gespinst gehängt, wo die Jungen bis zur nächsten Häutung unter Bewachung der Mutter bleiben.

Hauswinkelspinne, Hausspinne

unten

Tegenaria atrica (Fam. Trichterspinnen/Agelenidae)

Merkmale/ähnliche Arten: Die Trichterspinnen sind mit etwa 30 Arten in Mitteleuropa vertreten und durch lange Beine und trichterförmige Netze mit beiderseits offener Röhre gekennzeichnet. Unsere Art wird bis 18 mm groß. Von den drei anderen in Häusern lebenden Arten der Gattung schwer zu unterscheiden. **Verbreitung/Lebensraum:** In Mitteleuropa verbreitet und in Gebäuden häufig, gelegentlich auch in Steinbrüchen und an Felswänden. **Lebensweise/Fortpflanzung:** Belauert Beute – z. B. Stubenfliegen – aus der Wohnröhre. Soll bis 7 Jahre alt werden.

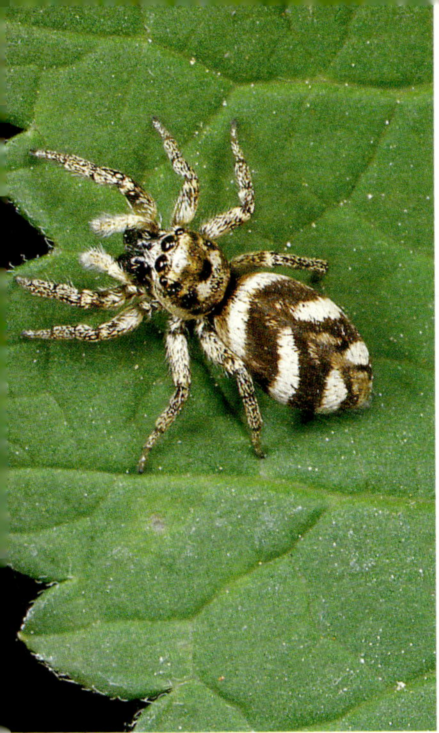
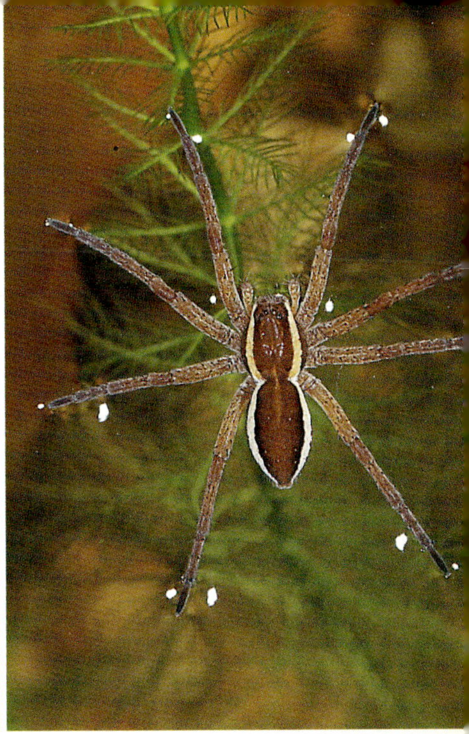
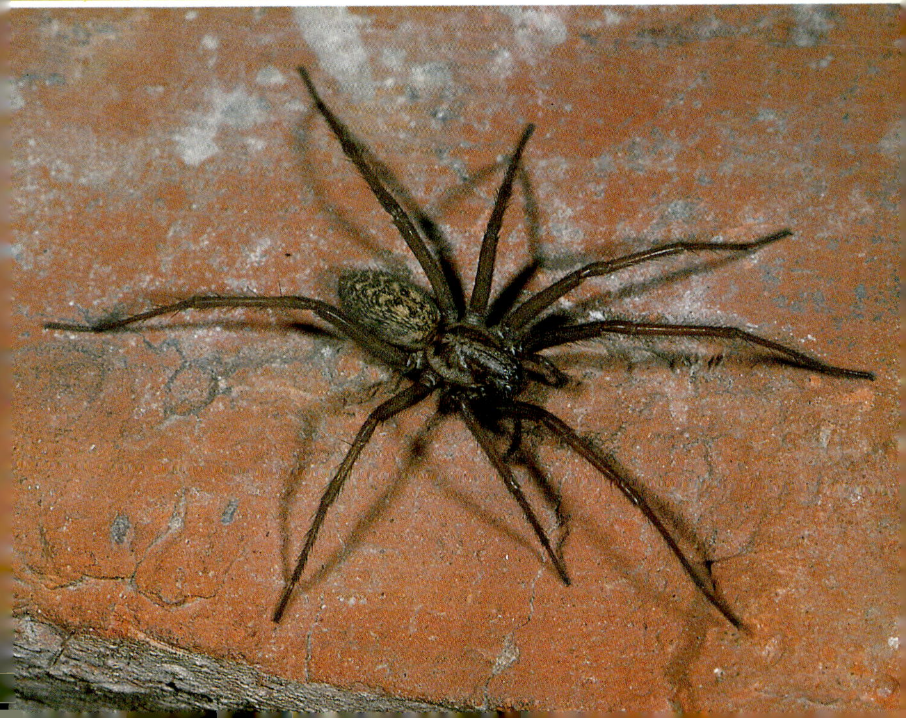

Traurige Wolfspinne

oben links mit Eikokon

Pardosa lugubris (Fam. Wolfspinnen/Lycosidae)

Merkmale/ähnliche Arten: Wolfspinnen (70 heimische Arten) jagen frei und
bauen (bis auf eine Ausnahme) keine Netze. Familienmerkmal ist die Augen-
stellung. Das helle Rückenband auf dem Vorderkörper verbreitert sich bei
unserer Art nach vorne. Die Weibchen werden 7 mm groß. **Verbreitung/Le-
bensraum:** Auf offenen Bodenstellen an Wald- und Wegrändern oft in großer
Individuenzahl. **Lebensweise/Fortpflanzung:** Männchen winken bei der
Balz mit ihren schwarzen Tastern. Brutfürsorge: Der Eikokon wird mit den
Spinnwarzen getragen (vgl. Listspinne, S. 34); die Jungen sitzen bis zur
1. Häutung auf dem Hinterleib der Mutter (s. Foto S. 12).

Weberknecht-Zitterspinne

oben rechts

Pholcus opilionoides (Fam. Zitterspinnen/Pholcidae)

Merkmale/ähnliche Arten: Die Zitterspinnen (2 heimische Arten) erinnern
mit ihren langen Beinen an Weberknechte, besitzen aber einen deutlich
zweigegliederten Körper. Unsere Art wird nur 5 mm groß, *P. phalangioides*
doppelt so groß. **Verbreitung/Lebensraum:** Beide Arten leben hauptsächlich
in Gebäuden, ihre Häufigkeit nimmt nach Norden ab. **Lebensweise/Fort-
pflanzung:** Unter ihren unregelmäßig und spärlich gewobenen Netzen lauern die Tiere hängend auf Beute. Sie können sich und das Netz in zitternde
Schwingung versetzen. Die Weibchen tragen die grauen Eier vor sich her.

Gewöhnlicher Weberknecht

unten

Phalangium opilio (Fam. Echte Weberknechte, Kanker/Phalangiidae)

Merkmale/ähnliche Arten: Im Gegensatz zu den Webspinnen ist der Körper
der Weberknechte nicht durch eine Taille gegliedert. Charakteristisch sind
auch die langen Taster und die vier langen Laufbeinpaare, bei denen die
Glieder meist verlängert und die Zahl der Endglieder stark vermehrt sind.
Das zweite Beinpaar der Echten Weberknechte dient zum Tasten und ist
5–7mal so lang wie der Körper. Bei Gefahr können Beinstücke aktiv abgeworfen werden. Zwei große Stirnaugen liegen in der Regel auf einem Augen-
hügel. Von den rund 3200 bekannten Arten kommen 35 in Mitteleuropa vor;
sie sind im Feld meist nicht zu unterscheiden. **Verbreitung/Lebensraum:** In
Mitteleuropa verbreitet und stellenweise sehr häufig. Während die übrigen
Kanker bevorzugt am Boden leben, besiedeln die Echten Weberknechte
Mauern, Hauswände, Bäume, Sträucher und Gräser. Selbst in Großstädten
findet man sie, oft in Mengen, da sie gerne gesellig leben. **Lebensweise/Fort-
pflanzung:** Die Ernährung ist vielseitig und reicht von toten und lebenden
Pflanzenstoffen bis zu Aas und lebenden Tieren. Räuberische Arten verdau-
en ihre Beute vor dem Mund und saugen dann das flüssige Mahl auf. Junge
Weberknechte ähneln zunächst Milben; erst nach mehreren Häutungen bekommen sie die langen Beine der Erwachsenen.

Samtmilbe

oben links

Trombidium sp. (Fam. Laufmilben/Trombidiidae)

Merkmale/ähnliche Arten: Milben sind winzige bis kleine Spinnentiere. Die kleinsten Arten sind nur 0,1 mm groß und damit die kleinsten Gliederfüßer überhaupt; die größten werden nur 5 mm groß (vollgesogene Zecken werden größer, s. u.). Sie kommen in allen Lebensräumen vor und haben oft große ökologische Bedeutung (Hornmilben z. B. wirken bei der Bodenrotte mit). Als Parasiten und Vorratsschädlinge können sie lästig werden. Von den etwa 10 000 bekannten Arten kommen 3000 in Mitteleuropa vor. Die Samtmilben werden bis 4 mm groß. Von ähnlichen Arten sind sie nur schwer zu unterscheiden. Die Rote Spinne *(Panonychus ulmi)* ist ein Obstbaumschädling. Andere rote Arten leben im Wasser. **Verbreitung/Lebensraum:** In Mitteleuropa verbreitet und in streu- und humusreichen Böden häufig. **Lebensweise/Fortpflanzung:** Räuberische Bodenbewohner. Ihre ebenfalls roten Larven parasitieren vor allem auf Insekten.

Erlen-Gallmilbe

oben rechts Gallen

Eriophyes alni (Fam. Gallmilben/Eriophyidae)

Merkmale/ähnliche Arten: Gallmilben sind wurmförmige, weichhäutige Tiere, die nur 0,2 mm groß werden. Die Arten lassen sich an der Form der Gallen unterscheiden. **Verbreitung/Lebensraum:** In Mitteleuropa verbreitet und auf Erlen häufig. **Lebensweise/Fortpflanzung:** Die auf der Oberseite von Erlenblättern erzeugten Gallen unserer Art sind sogenannte Mantelgallen mit einer Öffnung auf der Unterseite. Gallen sind Gewebswucherungen der Pflanze, in deren Schutz der Parasit von den Pflanzensäften lebt.

Zecke, Holzbock

unten links normal, rechts vollgesogen

Ixodes ricinus (Fam. Zecken/Ixodidae)

Merkmale/ähnliche Arten: Es gibt etwa 30 heimische Zeckenarten, Milben mit hartem Rückenschild. Der Holzbock wird 4 mm groß, vollgesogene Weibchen können aber bis 11 mm lang werden. Andere Arten, die bevorzugt an Säugetiere gehen, sind schwer zu unterscheiden. Lederzecken (Argasidae) befallen hauptsächlich Vögel. **Verbreitung/Lebensraum:** In Mitteleuropa verbreitet und vor allem in Wäldern sehr häufig. **Lebensweise/Fortpflanzung:** Die Larven des Holzbocks ernähren sich vegetarisch. Die Weibchen müssen jedoch eine kräftige Blutmahlzeit zu sich nehmen, bevor sie Eier produzieren können. Sie können ihre Wirte mit einem grubenartigen Sinnesorgan (dem Hallerschen Organ) an den Vorderbeinen riechen; es spricht besonders auf den Geruch von Buttersäure (Schweiß) an. Beim Blutsaugen können gefährliche Krankheiten übertragen werden: Meningitis, Q-Fieber, Rickettsiosen usw.

Gewöhnlicher Steinkriecher

oben

Lithobius forficatus (Fam. Steinläufer/Lithobiidae)

Merkmale/ähnliche Arten: 20–32 mm lang mit 15 Beinpaaren, Vertreter der Hundertfüßer (weltweit etwa 3000, in Mitteleuropa etwa 60–70 Arten). Wichtigstes Merkmal, im Unterschied zu anderen Tausendfüßern, sind zwei mächtige Giftklauen unter dem Kopf. Die Zahl der Beinpaare schwankt bei den Hundertfüßern zwischen 15 und 181. **Verbreitung/Lebensraum:** Diese Art gehört in Mitteleuropa zu den häufigsten Steinläufern und ist weit verbreitet. Im Gegensatz zu etlichen im Wald lebenden Arten, zieht sie offenes Gelände vor, oft in Gärten. **Lebensweise/Fortpflanzung:** Alle Hundertfüßer sind – im Gegensatz zu den Doppelfüßern (s. unten) – mehr oder weniger reine Räuber. Steinkriecher halten sich tagsüber unter Laub, Steinen, Rinde oder auf dem Boden liegenden Brettern versteckt. Nachts gehen die sehr gewandten Tiere auf die Jagd. Mit ihren Giftzangen fangen und töten sie Asseln, Spinnen und Insekten. Jugendstadien: Junge Steinkriecher sehen den erwachsenen ähnlich, besitzen aber zunächst weniger Segmente und entsprechend auch weniger Beinpaare. Erst nach mehreren Häutungen verfügen sie über 15 Beinpaare.

Gewöhnlicher Erdläufer

Mitte

Geophilus longicornis (Fam. Erdläufer/Geophilidae)

Merkmale/ähnliche Arten: 20–40 mm lange Tiere mit 49–57 Beinpaaren. Besitzt wie vorige Art zwei kräftige Giftklauen, die von oben aber kaum zu sehen sind. Augen fehlen vollständig. Das letzte Beinpaar ist zu fühlerartigen Tastorganen umgebildet. Es gibt in Mitteleuropa etwa 15 ähnliche Arten. **Verbreitung/Lebensraum:** In Mitteleuropa weit verbreitet. Bevorzugt humusreiche Böden, in denen er sich bis 40 cm tief eingräbt. Auch unter Steinen. **Lebensweise/Fortpflanzung:** Behende Räuber, die von kleinen Insekten, Spinnen und Asseln leben. Bei Gefahr rollen sie sich mit der Bauchseite nach außen zusammen. Die Eier werden in Erdhöhlen abgelegt; das Weibchen schlingt sich darum und bewacht sie. Jugendstadien: Junge Erdläufer sehen den alten durchaus ähnlich und besitzen auch schon die gleiche Zahl von Segmenten und Beinpaaren.

Schnurfüßer

unten

Cylindroiulus silvarum (Fam. Schnurfüßer/Julidae)

Merkmale/ähnliche Arten: Es sind etwa 3600 Arten von Doppelfüßern bekannt, von denen etwa 125 heimisch sind. Schnurfüßer sind drehrunde Tiere mit vielen Doppelbeinen. Die etwa 50 heimischen Arten (7–50 mm lang) werden an der Form des Hinterleibs unterschieden. **Verbreitung/Lebensraum:** Die meisten Schnurfüßer leben in Wäldern, viele Arten im Gebirge. **Lebensweise/Fortpflanzung:** Rein vegetarische Ernährung, vor allem verrottende Pflanzenteile und Pilze.

Gerandeter Saftkugler
oben

Glomeris marginata (Fam. Saftkugler/Glomeridae)

Merkmale/ähnliche Arten: Der Körper (7–20 mm lang) aus lediglich 12–13 Rumpfringen, die bei den erwachsenen Tieren unserer Art einfarbig glänzend schwarz sind, bei anderen Arten aber mit gelben oder roten Flecken in Längsreihen geziert sein können. Die kleinen Beine sind von oben nicht zu sehen. Die Weibchen besitzen 17, die Männchen 19 Beinpaare. Können mit Kugelasseln (unten) verwechselt werden. **Verbreitung/Lebensraum:** Eine in Mitteleuropa weit verbreitete Art. In Wäldern mit reicher Streuschicht, wo sich die Tiere unter Blättern, Rinde und Steinen aufhalten. **Lebensweise/ Fortpflanzung:** Die Nahrung besteht aus pflanzlichen Abfallstoffen oder Pollen, seltener aus Pilzen, Moosen oder Aas. Bei Störung kehren Saftkugler den gepanzerten Rücken nach außen und verstecken die Beine vollständig in der Kugel. Die Weibchen legen ihre Eier in Höhlungen, die sie aus dem eigenen Kot herstellen. Jugendstadien: Die aus den Eiern schlüpfenden Larven haben zunächst nur drei Doppelbeinpaare; erst nach der sechsten Häutung sind alle Beine vorhanden. Erst nach 3–4 Jahren sind die Tiere geschlechtsreif. Ein Alter von mehr als zehn Jahren ist bei so kleinen Tieren recht ungewöhnlich.

Gewöhnliche Kugelassel
Mitte

Armadillidium vulgare (Fam. Kugelasseln/Armadillidiidae)

Merkmale/ähnliche Arten: Die Asseln sind mit mehr als 4000 Arten (davon etwa 50 in Mitteleuropa) eine ökologisch sehr vielgestaltige Gruppe der Krebse. Unsere Art meist einfarbig oder hell gefleckt dunkelgrau. Bis 15 mm lang. **Verbreitung/Lebensraum:** Häufigster Vertreter der Kugelasseln in Mitteleuropa. Bevorzugt trockene, sonnige Bereiche, vor allem in Kalkgebieten. **Lebensweise/Fortpflanzung:** Lebt von verrottenden Pflanzenteilen. Oft in großen Kolonien. Die Eier entwickeln sich in einer Bauchtasche des Weibchens. Jugendstadien: Die Jungtiere gleichen den Erwachsenen, ihnen fehlt aber zunächst das siebte Beinpaar.

Kellerassel
unten

Porcellio scaber (Fam. Porcellionidae)

Merkmale/ähnliche Arten: Sieben gleichförmige Schreitbeinpaare. Auf gelblichem Grund variabel grau marmoriert. **Verbreitung/Lebensraum:** In Mitteleuropa wohl die häufigste Landassel. Als Kulturfolger weltweit verschleppt. Bei uns bevorzugt in und an etwas feuchteren Gebäuden, sonst in Mauern, unter Steinen und im Fallaub. **Lebensweise/Fortpflanzung:** Leben hauptsächlich von abgestorbenen Pflanzenteilen (Humusbereiter). Die Eier entwickeln sich in einer Bauchtasche des Weibchens. Jugendstadien: Die Jungtiere sind beim Schlüpfen den Erwachsenen sehr ähnlich; man kann sie aber am Fehlen des letzten Brustbeinpaares erkennen.

Schwarzer Wasserspringer

oben

Podura aquatica (Fam. Poduridae)

Merkmale/ähnliche Arten: Diese primär ungeflügelten Insekten werden nur
1–2 mm groß. Ihre Haut ist mit zahlreichen winzigen Warzen besetzt, die
das Wasser abstoßen. Die Komplexaugen sind nur aus acht Einzelaugen zusammengesetzt; bei manchen Arten fehlen sie ganz. Besonders typisch bei
den Springschwänzen ist eine in der Ruhe unter den Bauch geklappte
Sprunggabel am Hinterleib. Bei Beunruhigung wird die Gabel nach hinten
geschlagen, was die Tiere mit einem Salto mehrere Zentimeter hochschleudert. Zur normalen Fortbewegung dienen die drei Beinpaare. Derzeit sind
etwa 3500 Arten bekannt, von denen rund 300 in Mitteleuropa leben. **Verbreitung/Lebensraum:** In Mitteleuropa weit verbreitet. Auf kleinen Wasserlachen findet man Wasserspringer manchmal zu Hunderttausenden so dicht,
daß man das Wasser nicht mehr sieht. Manche Springschwänze leben auch
auf Bäumen sowie auf Schnee oder Gletschern (Gletscherfloh). Wegen ihrer
hohen Individuendichte gehören sie in vielen Lebensräumen zu den häufigsten Insekten: in einem Liter Waldboden bis zu 2000 Springschwänze.
Lebensweise/Fortpflanzung: Im Lückensystem des Bodens ernähren sich
Springschwänze von lebender und toter organischer Substanz und spielen
bei der Humusbildung eine wichtige Rolle. Keine Begattung, sondern indirekte Samenübertragung durch Spermatophoren. Jugendstadien: Während
der Jugendentwicklung (bis zu 40 Häutungen) machen Springschwänze keine Metamorphose durch, sehen also von Anfang an den Alttieren ähnlich.

Silberfischchen, Zuckergast

unten

Lepisma saccharina (Fam. Silberfischchen/Lepismatidae)

Merkmale/ähnliche Arten: In älteren Wohnungen findet man oft diese hübschen, silbrig glänzenden, bis 11 mm großen Tierchen. Sie sind kein Zeichen
für mangelnde Sauberkeit, sondern eher für vorhandene Verstecke, die in
modernen Wohnungen selten sind. Die Tiere gehören wie die Springschwänze zu den primär ungeflügelten Urinsekten. Am Hinterleibsende tragen sie drei Fortsätze. Die silbernen Schuppen stellen Tastorgane dar. **Verbreitung/Lebensraum:** Von den 240 bekannten Arten kommen nur fünf in
Mitteleuropa vor, von denen der Zuckergast – eine weltweit verbreitete, wärmeliebende Art, die bei uns besonders in Häusern lebt – die häufigste ist. **Lebensweise/Fortpflanzung:** Ernährt sich von den verschiedensten organischen Stoffen. Durch eine besondere Einrichtung seines Enddarms vermögen Silberfischchen der Luft elektroosmotisch Wasser zu entziehen, so daß
sie auch ohne direktes Trinken leben können. Bei Massenauftreten können
die Tiere an Vorräten lästig werden. Im übrigen sind sie aber harmlos.
Jugendstadien: Die Larven sehen den Alttieren ähnlich, besitzen jedoch anfangs noch nicht deren Silberglanz.

Eintagsfliege

oben

Ephemera vulgata (Fam. Eintagsfliegen/Ephemeridae)

Merkmale/ähnliche Arten: Die etwa 20 mm großen Tiere sind leicht an den bis 35 mm langen drei Schwanzborsten zu erkennen. Die häutigen Vorderflügel sind dunkelbraun gefleckt, die Hinterflügel nur ein Drittel so groß. Die träg fliegenden Tiere werden leicht vom Wind verweht und lassen sich dann nieder. Es gibt in Mitteleuropa etwa 70 schwer zu unterscheidende Arten; ausnahmsweise sind hier die Larven oft leichter zu bestimmen. **Verbreitung/Lebensraum:** In Mitteleuropa weit verbreitet und häufig. Die Art lebt als Larve in und als Imago an langsam fließenden Gewässern. **Lebensweise/Fortpflanzung:** Aus dem letzten Larvenstadium schlüpft eine sogenannte Subimago, die durch etwas trübere Flügel und kürzere Schwanzborsten gekennzeichnet ist. Bereits kurze Zeit später häuten sich die Tiere nochmals zum endgültigen Flugtier – ein bei den Insekten einmaliger Vorgang. Die Männchen versammeln sich zwischen Mai und August zu großen Schwärmen. Stundenlang fliegen sie einige Meter hoch und lassen sich wieder absinken. Die Weibchen fliegen in den Schwarm hinein, werden von einem Männchen ergriffen und begattet. Gleich darauf tupfen sie die Eier aufs Wasser. Die Imagines besitzen keine Mundwerkzeuge, nehmen keine Nahrung auf und leben nur 2–3 Tage. **Jugendstadien:** Die Larven dieser Art leben im ufernahen Sand langsam fließender Gewässer und fressen organische Abfälle und Kleinorganismen. Andere Arten leben zwischen Wasserpflanzen oder unter Steinen von schnell fließenden Bächen. Das Larvenstadium unserer Art dauert zwei Jahre, bei den meisten anderen Arten ein Jahr.

Steinfliege

Mitte Imago, unten Larve

Perlodes sp. (Fam. Steinfliegen/Perlodidae)

Merkmale/ähnliche Arten: Bereits vor 250 Millionen Jahren gab es Steinfliegen. Von den heute lebenden etwa 2000 Arten kommen etwa 100 in Mitteleuropa vor. Im Gegensatz zu den Eintagsfliegen tragen alle Entwicklungsstadien nur zwei Hinterleibsanhänge. Die hinteren Flügel der flugträgen Tiere sind meist größer und breiter als die vorderen. Die Flügel werden in der Ruhe flach über den Rücken gelegt. *Perlodes*-Arten werden 6–25 mm lang. **Verbreitung/Lebensraum:** Mit zahlreichen Arten in ganz Mitteleuropa verbreitet, an den Unterläufen der Flüsse und Bäche jedoch vielfach durch Verschmutzung ausgerottet oder gefährdet. Fließgewässer bis ins Gebirge, seltener auch Seen. **Lebensweise/Fortpflanzung:** Die einzelnen Arten haben unterschiedliche, aber meist genau begrenzte Flugzeiten. Nach der Begattung legen die Weibchen Eiballen auf der Wasseroberfläche ab. Die Geschlechtstiere leben 2–5 Wochen. Da sie oft in Mengen auftreten (und oft ins Wasser fallen), spielen sie (wie die im Wasser lebenden Larven) eine wichtige Rolle für die Ernährung von Fischen. **Jugendstadien:** Unvollkommene Verwandlung. Die Larven der meisten Arten in kühlen, sauerstoffreichen Bergbächen und -flüssen. Sie gelten daher als Indikatoren einer guten Wasserqualität. Die Larvenzeit dauert bei großen Arten drei Jahre, bei kleinen kürzer.

Gebänderte Prachtlibelle

oben Männchen, Mitte Weibchen

Calopteryx splendens (Fam. Prachtlibellen/Calopterygidae)   gesch., RL 3

Merkmale/ähnliche Arten: Die grünlichen Flügel der Männchen tragen eine breite, schwarzblau schillernde Binde. Der Körper schillert metallisch blaugrün. Die letzten drei Hinterleibssegmente sind auf der Unterseite weiß. Den Weibchen fehlt die dunkle Flügelbinde, und ihr Körper schillert grüngolden. Reife Weibchen tragen nahe der Spitze des Vorderflügels einen kleinen weißen Fleck. Die beiden heimischen Prachtlibellen-Arten (s. unten) sind etwa 5 cm lang und haben eine Flügelspannweite von 6–7 cm. Zu den Unterschieden zwischen Groß- und Kleinlibellen siehe Seite 16 f. **Verbreitung/ Lebensraum:** Die Art kommt in ganz Mitteleuropa vor. Ihr bevorzugter Lebensraum sind langsam fließende Bäche und Flüsse mit sandigem Untergrund und sonnigen Ufern. Gewässerverschmutzung, Begradigungen und Uferbefestigungen haben zum Rückgang der Art geführt, so daß sie heute als gefährdet gilt; von den beiden Arten ist sie aber die häufigere. **Lebensweise/ Fortpflanzung:** Das Balzverhalten ist bei Prachtlibellen gut ausgeprägt. Die Männchen unserer Art verteidigen Reviere. Wenn ein Weibchen erscheint, umwirbt es das Männchen mit einem pendelnden Balzflug. Nach der Paarung legt das Weibchen die Eier zwischen Wasserpflanzen ab. Die Flugzeit liegt zwischen Ende Mai und Anfang September. <u>Jugendstadien:</u> Unvollkommene Verwandlung. Die Larven der Prachtlibellen erkennt man an ihrer stabförmigen Gestalt und den sehr langen Beinen. Sie leben unter Wasserpflanzen und Baumwurzeln im Uferbereich träg fließender Gewässer. Sie sind dämmerungs- und nachtaktiv, leben räuberisch von Kleinorganismen, bewegen sich aber recht langsam. Die Larvenzeit dauert zwei Jahre.

Blauflügel-Prachtlibelle

unten Männchen

Calopteryx virgo (Fam. Prachtlibellen/Calopterygidae)   gesch., RL 3

Merkmale/ähnliche Arten: Bei dieser der vorigen Art recht ähnlichen Form erstreckt sich die blauschwarz schillernde Färbung beim Männchen auf den ganzen Flügel; nur die äußerste Flügelspitze bleibt durchsichtig. Die letzten drei Segmente sind unterseits leuchtend hellrot (nicht weiß) gefärbt. Die Flügel der Weibchen sind deutlich brauner, die Flügelmale gelblicher als bei *C. splendens.* **Verbreitung/Lebensraum:** In ganz Mitteleuropa verbreitet. Den Lebensraum teilt die Blauflügel-Prachtlibelle oft mit der Gebänderten Prachtlibelle; sie bevorzugt aber kleinere Fließgewässer mit stärkerer Strömung. Da sie neben sonnigen auch schattige Bereiche liebt, kommt sie selten in Bächen ohne Ufergehölzen vor. Gegen Verschmutzung ist sie noch empfindlicher als vorige Art und daher deutlich seltener als diese. **Lebensweise/Fortpflanzung:** Ähnlich der vorigen Art. <u>Jugendstadien:</u> Vgl. vorige Art.

Gewöhnliche Binsenjungfer
Lestes sponsa (Fam. Teichjungfern/Lestidae)

oben Männchen, Mitte Weibchen
gesch.

Merkmale/ähnliche Arten: Die 30–45 mm großen, grünmetallischen bis bronzefarbenen Teichjungfern spreizen in der Ruhelage ihre Flügel meist schräg ab. Die 8 mitteleuropäischen Arten sehen sich recht ähnlich. Die Grundfärbung unserer Art ist grünmetallisch bis kupfern (bei den Weibchen), der Hinterleib der Männchen ist vorn und hinten oberseits hellblau bereift. **Verbreitung/Lebensraum:** An Teichen und Tümpeln mit viel Binsen und Schachtelhalm häufig, auch an zeitweise trockenfallenden Gewässern. **Lebensweise/Fortpflanzung:** Flugzeit ist von Ende Juni bis Ende September. Nach der Paarung bleiben die Partner zur Eiablage an senkrechten Halmen beisammen. Mit seinem Legebohrer schiebt das Weibchen die Eier ins Mark der im Wasser stehenden Pflanzen. **Jugendstadien:** Unvollkommene Verwandlung. Die Larven schlüpfen erst im Frühjahr und entwickeln sich in 2–3 Monaten zur Imago.

Weidenjungfer
Lestes viridis (Fam. Teichjungfern/Lestidae)

unten Männchen
gesch.

Merkmale/ähnliche Arten: Körperfärbung wie vorige Art, aber ohne blaue Bereifung. Charakteristisch für die Weidenjungfern ist das einfarbig hellbraune Flügelmal. Mit einer Körperlänge von 45 mm gehören sie zu den größten Teichjungfern. **Verbreitung/Lebensraum:** Neben voriger die häufigste Art der Gattung in Mitteleuropa. Lebt vor allem an künstlichen Kleingewässern, Baggerseen und Fischteichen mit Weiden- und Erlengebüsch. **Lebensweise/Fortpflanzung:** Flugzeit ab Anfang Juli. Die Weibchen übernachten etwas entfernt vom Gewässer. Wenn sie morgens dorthin zurückkehren, werden sie von den auf Gebüschspitzen lauernden Männchen abgefangen. Zu zweit werden dann die Eier in Weiden- und Erlenzweige über dem Wasser abgelegt – meist erst im September. **Jugendstadien:** Unvollkommene Verwandlung. Die Eier überwintern unter der Rinde. Im April schlüpft die 2 mm große Vorlarve, die sich ins Wasser fallen läßt. Ernährung wie bei allen Libellenlarven räuberisch von verschiedenen Kleinorganismen.

Gewöhnliche Federlibelle

oben Männchen, Mitte Weibchen

Platycnemis pennipes (Fam. Federlibellen/Platycnemidae) gesch.

Merkmale/ähnliche Arten: Federlibellen und Schlanklibellen (unten) haben viel Ähnlichkeit mit den Teichjungfern (S. 50). Für die Federlibellen (2 Arten in Mitteleuropa) sind verbreiterte Beinglieder mit steifen Borsten an den Rändern typisch. Das Männchen unserer Art ist hellblau, das Weibchen rahmfarben oder grünlich; Frischgeschlüpfte sind fast weiß. Die Oberseite der Hinterleibssegmente trägt zwei schwarze Streifen. Die etwa 35 mm langen Tiere fliegen von Mitte Mai bis September. **Verbreitung/Lebensraum:** In Mitteleuropa weit verbreitet, nach Norden etwas seltener. An stehenden und langsam fließenden Gewässern, besonders an pflanzenreichen Teichen und Gräben. **Lebensweise/Fortpflanzung:** Auch hier halten die Männchen mit ihren Hinterleibszangen die Weibchen an der Vorderbrust fest und stehen steif aufrecht mit angezogenen Beinen über dem Weibchen, wenn dieses seine Eier in Wasserpflanzen an der Gewässeroberfläche ablegt. Jugendstadien: Unvollkommene Verwandlung. Die Larven entwickeln sich am Gewässergrund und überwintern im letzten Stadium.

Frühe Adonislibelle

unten Männchen

Pyrrhosoma nymphula (Fam. Schlanklibellen/Coenagrionidae) gesch.

Merkmale/ähnliche Arten: Im Gegensatz zu den ähnlichen Teichjungfern tragen die Schlanklibellen ihre Flügel in der Ruhe meist angelegt. Bei den meisten der 20 in Mitteleuropa vorkommenden Arten überwiegen hellblaue Färbungen. Die Grundfärbung unserer Art ist jedoch Rot. Bei den Männchen sind nur die hinteren Segmente, bei den Weibchen alle Hinterleibssegmente oberseits schwarz gezeichnet. Als eine der frühesten Libellen fliegt die etwa 33 mm lange Art schon von Ende April bis August. **Verbreitung/Lebensraum:** Recht häufig an pflanzenreichen Weihern, Moortümpeln und langsam fließenden Gräben und Bächen. **Lebensweise/Fortpflanzung:** Sowohl die Haltung des Paares während der Eiablage als auch das Substrat für die Eier ist bei dieser Art recht variabel; es werden die verschiedensten Pflanzen und Pflanzenteile in und am Wasser mit Eiern belegt. Jugendstadien: Unvollkommene Verwandlung. Die Larven überwintern im letzten Stadium und schlüpfen Ende April.

Große Pechlibelle

oben Männchen

Ischnura elegans (Fam. Schlanklibellen/Coenagrionidae)

gesch.

Merkmale/ähnliche Arten: Eine vorn und hinten blaue Kleinlibelle (30 mm lang). Die mittleren Hinterleibssegmente sind oberseits schwarz, unterseits gelblich. Das Flügelmal ist innen schwarz, außen weiß. Die Weibchen sind manchmal düster olivbraun. **Verbreitung/Lebensraum:** Eine unserer häufigsten und anspruchlosesten Libellen. Man findet sie an fast allen Gewässern. **Lebensweise/Fortpflanzung:** Flugzeit Mai bis September. Im Unterschied zu fast allen anderen Schlanklibellen legen die Weibchen dieser Art ihre Eier ohne Begleitung der Männchen in Wasserpflanzen oder Treibgut. <u>Jugendstadien:</u> Unvollkommene Verwandlung. Die Larven überwintern und verwandeln sich im Mai des folgenden Jahres in Flugtiere.

Hufeisen-Azurjungfer

Mitte Männchen

Coenagrion puella (Fam. Schlanklibellen/Coenagrionidae)

gesch.

Merkmale/ähnliche Arten: Sehr ähnlich der <u>Becher-Azurjungfer</u> *(Enallagma cyathigerum);* bei beiden Arten ist die Grundfärbung der Männchen Hellblau. Unsere Art (bis 35 mm lang) trägt auf dem 2. Hinterleibssegment ein schwarzes U oder Hufeisen. Die Weibchen sind grünlich mit schwarzer Hinterleibs-Oberseite. **Verbreitung/Lebensraum:** Eine unserer häufigsten Kleinlibellen. Bevorzugt an stehenden Kleingewässern, auch an Seen, nur selten an Fließgewässern. **Lebensweise/Fortpflanzung:** Flugzeit Anfang Mai bis Anfang September. Bei der Eiablage in Wasserpflanzen findet man die Paare oft in Gruppen. Die Männchen stehen dabei gerade über den Weibchen. <u>Jugendstadien:</u> Unvollkommene Verwandlung. Die Larven überwintern und schlüpfen im Mai.

Großes Granatauge

unten Männchen

Erythromma najas (Fam. Schlanklibellen/Coenagrionidae)

gesch.

Merkmale/ähnliche Arten: Sehr ähnlich dem <u>Kleinen Granatauge</u> *(E. viridulum).* Auffallend der Kontrast zwischen den leuchtend roten Augen und der blauen Grundfärbung der Männchen. Die gelblichen Weibchen haben Ähnlichkeit mit Azurjungfer-Weibchen; von den Weibchen des Kleinen Granatauges unterscheiden sie nur Einzelheiten des Brustteils. Etwa 30 mm lang. **Verbreitung/Lebensraum:** Weit verbreitet und an Gewässern mit Schwimmblattvegetation häufig. **Lebensweise/Fortpflanzung:** Flugzeit Mai bis August. Die scheuen Tiere halten sich meist entfernt vom Ufer auf Blättern der Teichrose auf. Hier legen die Weibchen auch ihre Eier an Blättern und Stengeln ab, wobei das Paar oft vollständig untertaucht. <u>Jugendstadien:</u> Unvollkommene Verwandlung. Die flinken Larven können behend schwimmen. Sie überwintern im letzten Larvenstadium und schlüpfen im Mai.

Blaugrüne Mosaikjungfer

oben Männchen, Mitte Larve

Aeshna cyanea (Fam. Edellibellen/Aeshnidae)

gesch.

Merkmale/ähnliche Arten: Auf die Unterschiede zwischen Klein- und Großlibellen wurde bereits in der Einleitung hingewiesen (S. 16 f.). Die Edellibellen sind neben den Quelljungfern (S. 60) unsere größten Libellen (70–80 mm). Die Bezeichnung Mosaikjungfer bezieht sich auf den meist hell und dunkel gescheckten Hinterleib. In Mitteleuropa 13 Arten. Unsere Art trägt in beiden Geschlechtern oberseits zwei breite gelbgrüne Streifen zwischen Kopf und Flügeln und beiderseits zwei ebenso gefärbte, schräg verlaufende Brustbinden. Beim Männchen ist das Hinterleibsende blau-schwarz gefleckt, sonst – wie beim Weibchen der ganze Hinterleib – grün-schwarz. **Verbreitung/Lebensraum:** Wohl unsere häufigste und anpassungsfähigste Großlibelle, daher weit verbreitet, zwischen Juni und August auch fernab von Gewässern. Alle stehenden Gewässer dienen als Aufzuchtgewässer. **Lebensweise/Fortpflanzung:** Flugzeit von Mitte Juni bis Ende Oktober. Als rasante Flieger legen die Mosaikjungfern weite Strecken zurück. Man findet sie daher in den verschiedensten Lebensräumen, wo sie der Insektenjagd nachgehen können. Zur Zeit der Eiablage (August bis Anfang November) suchen die Männchen einzeln ein Gewässer auf, halten kurze Zeit nach eierlegenden Weibchen Ausschau und verschwinden nach der Paarung wieder. Die Weibchen legen bei den Edellibellen die Eier stets alleine ab, indem sie sich auf den Wasserpflanzen niederlassen. Jugendstadien: Unvollkommene Verwandlung. Die Larven sind hellbraun bis fast schwarz und tragen eine lange, schmale Fangmaske. Die Larvenzeit dauert 1–2 Jahre; auch die Besiedlung von im Winter trockenfallenden Teichen ist möglich.

Herbst-Mosaikjungfer

unten Männchen

Aeshna mixta (Fam. Edellibellen/Aeshnidae)

gesch.

Merkmale/ähnliche Arten: Eine 60–65 mm große Libelle mit braunem Brustteil, auf dem oberseits zwei kleine gelbe Striche, seitlich breite gelbe Binden zu erkennen sind. Zwischen den Hinterflügeln tragen Männchen und Weibchen auf dem Vorderteil des Hinterleibs ein gelbes Dreieck. Der Hinterleib der Männchen ist schwarz-blau, der des Weibchens trägt gelbe und braune Flecken auf schwarzem Grund. **Verbreitung/Lebensraum:** Verbreitet, aber nirgends individuenreich. Pflanzenreiche, stehende Gewässer sind der bevorzugte Lebensraum der Larven. Die Eier können sogar in Fischteichen überleben, die den ganzen Winter trockenliegen. **Lebensweise/Fortpflanzung:** Flugzeit erst ab Juli/August, bis Oktober/November. Die Art ist weniger flugfreudig als die vorige. Die Weibchen legen ihre Eier an versteckten Stellen in schwimmenden Schilfstengeln ab. Jugendstadien: Unvollkommene Verwandlung. Aus den überwinternden Eier schlüpfen im Frühjahr die Larven, die sich noch im gleichen Jahr zur Imago entwickeln.

Kleine Mosaikjungfer

oben Männchen

Brachytron pratense (Fam. Edellibellen/Aeshnidae)

gesch., RL 3

Merkmale/ähnliche Arten: Mit 55–65 mm Körperlänge eine recht kleine Großlibelle. Ihr Brustteil ist auffallend behaart. Die Brustseiten tragen auf gelbgrünem Grund zwei dünne schwarze Schrägstriche. Der Hinterleib ist auf schwarzem Grund beim Männchen blau, beim Weibchen gelbgrün gefleckt. **Verbreitung/Lebensraum:** Eine im Tiefland verbreitete, aber überall zurückgehende Art. Stehende Gewässer der Flußauen mit schilfreichen Ufern sind ihr bevorzugter Lebensraum. **Lebensweise/Fortpflanzung:** Flugzeit von Anfang Mai bis Mitte Juli. Die Weibchen legen ohne Männchen ihre Eier im Sitzen an Wasserpflanzen ab. **Jugendstadien:** Die flachen Larven sitzen eng an Schilfhalme gedrückt. Die Larvenzeit dauert meist 3 Jahre.

Große Königslibelle

Mitte Männchen

Anax imperator (Fam. Edellibellen/Aeshnidae)

gesch.

Merkmale/ähnliche Arten: Eine große Libelle (70–80 mm lang) mit einfarbig grünem Brustteil. Auf der Stirn ein blauer Querstreifen, dahinter ein schwarzes Fünfeck. Der Hinterleib der Männchen ist hellblau mit schwarzem Grat, der der Weibchen blaugrün mit braunem Längsband. Bei kühler Witterung wird das Blau der Männchen zu einem matten Blaugrau. Nah verwandt ist die in Mitteleuropa seltene Kleine Königslibelle *(A. parthenope)*. **Verbreitung/Lebensraum:** Weit verbreitet und an pflanzenreichen Teichen und Tümpeln nicht selten. Verträgt aber kein Trockenfallen. **Lebensweise/Fortpflanzung:** Flugzeit von Anfang Juni bis Anfang September. Die kräftigen Tiere sind ausdauernde Flieger. Die Männchen vertreiben auch andere Libellenarten. Die Weibchen legen ihre Eier auf offener Wasserfläche an schwimmenden Pflanzenresten ab. **Jugendstadien:** Die großäugigen Larven werden bis 55 mm groß. Die Larvenzeit dauert meist 1 Jahr, überwintert wird in verschiedenen Stadien.

Gewöhnliche Keiljungfer

unten Männchen

Gomphus vulgatissimus (Fam. Flußjungfern/Gomphidae)

gesch., RL 1

Merkmale/ähnliche Arten: Bei Flußjungfern sind die Augen deutlich voneinander getrennt. 7 heimische, zumeist seltene Arten. Auch unsere Art (45–50 mm lang) ist in Mitteleuropa selten. Im Gegensatz zu anderen *Gomphus*-Arten sind ihre Beine einfarbig schwarz. Das Hinterleibsende ist verbreitert. Weibchen und junge Männchen sind schwarz-gelb gefleckt, beim reifen Männchen wird das Gelb zum Grün. Ähnlich ist die häufigere Westliche Keiljungfer *(G. pulchellus)*, die insgesamt aber schlanker und heller wirkt. **Verbreitung/Lebensraum:** Alle Flußjungfern leben an sauberen Fließgewässern. **Lebensweise/Fortpflanzung:** Flugzeit Anfang Mai bis Juli. Stellt höchste Ansprüche an die Gewässergüte. **Jugendstadien:** Die flachen Larven leben im Bachsand und brauchen mindestens drei Jahre bis zur Imago.

Gewöhnliche Smaragdlibelle

oben Männchen

Cordulia aenea (Fam. Falkenlibellen/Corduliidae)   gesch.

Merkmale/ähnliche Arten: Die Grundfärbung der Falkenlibellen (7 Arten in Mitteleuropa) ist metallisch, die Augenfarbe grünmetallisch bis blaugrün. Sie erinnern im Aussehen an manche Segellibellen (S. 64). Unsere Art wird 50–55 mm groß und glänzt metallisch dunkelgrün bis kupfern. Die Augen sind grün bis bronzefarben. Der Hinterleib der Männchen ist am Ende keulig verdickt. Recht ähnlich sieht die Glänzende Smaragdlibelle *(Somatochlora metallica)* aus, die gerne bewaldete Weiher besiedelt. Seltener (RL 3) sind die in Naßwiesen und Flachmooren lebende Gefleckte Smaragdlibelle *(S. flavomaculata)* und die auf Hochmoorschlenken spezialisierte Arktische Smaragdlibelle *(S. arctica)*. Zu unseren seltensten Falkenlibellen (RL 2) gehört die Alpen-Smaragdlibelle *(S. alpestris)*, die alpine Moore in einer Höhe von 1000–2000 m bewohnt. **Verbreitung/Lebensraum:** Die Art ist in Mitteleuropa weit verbreitet, wird nach Norden aber seltener. Ihr Lebensraum sind kleine Seen und extensiv bewirtschaftete Teiche. **Lebensweise/Fortpflanzung:** Die Flugzeit ist von Anfang Mai bis Anfang August. Die Männchen suchen ausdauernd die Ufer nach Weibchen ab. Nach der Begattung werfen diese die Eier zwischen Schilf ins Wasser ab. Jugendstadien: Die langbeinigen Larven brauchen zwei Jahre für ihre Entwicklung.

Zweigestreifte Quelljungfer

unten Männchen

Cordulegaster boltoni (Fam. Quelljungfern/Cordulegasteridae)   gesch., RL 3

Merkmale/ähnliche Arten: Die auf kleine Bäche spezialisierten Quelljungfern (3 Arten in Mitteleuropa) werden bis 85 mm groß und weisen bei schwarz-gelbem Grundmuster geringe Färbungsunterschiede zwischen den Geschlechtern auf. Unsere Art ist von der selteneren (RL 2) Gestreiften Quelljungfer *(C. bidentatus)* vor allem durch die kleinen gelben Zwischenstreifen am Hinterleib zu unterscheiden. **Verbreitung/Lebensraum:** *C. boltoni* lebt an Bergbächen und sandigen Bächen des Tieflands (Lüneburger Heide) mit guter Wasserqualität. *C. bidentatus* kommt mehr im Bergland, an kleinen Quellrinnsalen vor, besonders an überrieseltem Moos mit Kalkablagerungen. **Lebensweise/Fortpflanzung:** Die Flugzeit beider Arten ist von Mai/Juni bis August. Beide Arten sind bedroht, da die von ihnen bewohnten Lebensräume durch Eingriffe des Menschen gefährdet sind. Die Weibchen legen ihre Eier im Flug, indem sie ihr Hinterleibsende in das Substrat stoßen. Jugendstadien: Die bis 40 mm großen Larven graben sich im sandigen Bachbett ein. Die Larvenzeit dauert 3–5 Jahre.

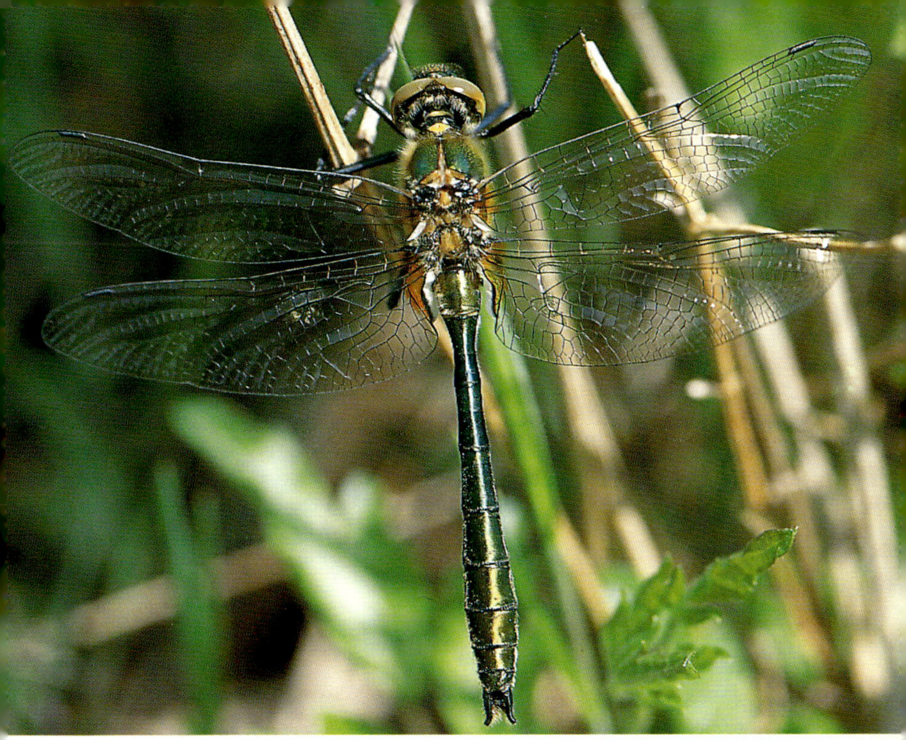

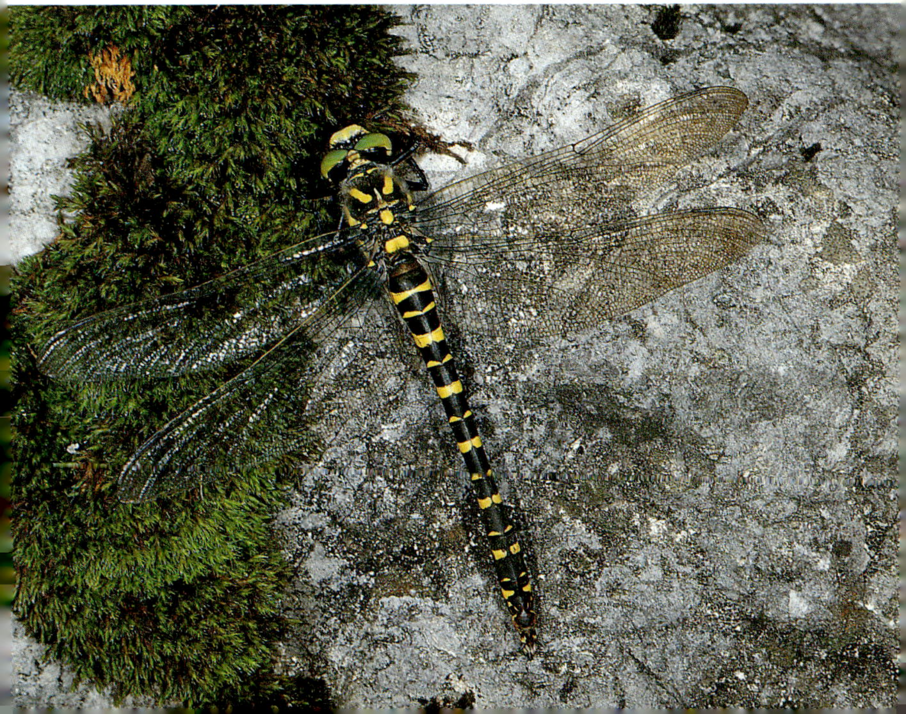

Vierfleck

Libellula quadrimaculata (Fam. Segellibellen/Libellulidae)

Merkmale/ähnliche Arten: Die mittelgroßen Segellibellen (über 20 Arten in Mitteleuropa) unterscheiden sich von den Falkenlibellen durch fehlenden Metallglanz. Dafür findet man oft eine hellblaue Bereifung. Der 40–50 mm große Vierfleck ist leicht an den zwei schwarzen Flecken am Vorderrand der Flügel zu erkennen. Die Körperfarben sind Braun und Schwarz. **Verbreitung/Lebensraum:** Eine in Mitteleuropa weit verbreitete und häufige Art. Besonders zahlreich an Moorgewässern, regelmäßig aber auch an pflanzenreichen Teichen und Weihern. **Lebensweise/ Fortpflanzung:** Flugzeit ist Anfang Mai bis Mitte August. Nach rascher Paarung im Flug werfen die Weibchen die Eier mit wippender Bewegung ins Wasser. <u>Jugendstadien:</u> Die Larvenzeit dauert zwei Jahre.

Plattbauch

Libellula depressa (Fam. Segellibellen/Libellulidae)

Merkmale/ähnliche Arten: Diese ebenfalls 40–50 mm große Libelle unterscheidet sich von allen anderen heimischen Libellen durch ihren 6–8 mm breiten Hinterleib. Die Grundfärbung im Brustbereich ist zunächst hellbraun, später dunkelbraun; auch die Flügelbasis ist schwarzbraun. Während der Hinterleib der Männchen hellblau bereift ist, wirkt das Abdomen der Weibchen golden. **Verbreitung/Lebensraum:** In Mitteleuropa verbreitet und häufig. Kleine, vegetationsarme Stillgewässer; lehmige, sandige oder kiesige Tümpel werden rasch besiedelt, daher fehlt die Art in Kiesgruben selten. **Lebensweise/Fortpflanzung:** Die Männchen beziehen gerne Sitzwarten am Gewässerrand. Die kurze Paarung findet im Flug statt, die Eiablage wie vorige Art. <u>Jugendstadien:</u> Auch die Larven weisen einen breiten Körperbau auf. Sie überdauern Trockenzeiten im Schlamm und brauchen für ihre Entwicklung zwei Jahre.

Großer Blaupfeil

Orthetrum cancellatum (Fam. Segellibellen/Libellulidae)

Merkmale/ähnliche Arten: Mit ihrem blau bereiften Hinterleib ähneln die Männchen dieser Art (30–35 mm lang) den allerdings viel selteneren Arten <u>Kleiner Blaupfeil</u> *(O. coerulescens)* und <u>Südlicher Blaupfeil</u> *(O. brunneum).* Das Hinterleibsende ist jedoch schwarz und der Brustabschnitt braun. Die jungen Weibchen sind gelb-schwarz und werden später braun-schwarz. **Verbreitung/Lebensraum:** In Mitteleuropa weit verbreitet und häufig. Die Art kommt an pflanzenreichen Tümpeln ebenso vor wie an vegetationsarmen Baggerseen und größeren natürlichen Seen. **Lebensweise/Fortpflanzung:** Die Flugzeit liegt zwischen Mai/Juni und September. Die Tiere sonnen sich gerne auf kiesigem Boden. Auch die Paarung findet oft am Boden statt. Eiablage wie bei den anderen Segellibellen. <u>Jugendstadien:</u> Die Larvenzeit dauert zwei Jahre.

Kleine Moosjungfer

oben Männchen

Leucorrhinia dubia (Fam. Segellibellen/Libellulidae)

gesch.

Merkmale/ähnliche Arten: 30–40 mm lang; Männchen mit blutroten Flecken zwischen den Flügeln und auf dem Hinterleib. Die ebenfalls schwarzen Weibchen tragen gelbe Zeichnung. Ähnlich gefärbt ist die Nordische Moosjungfer *(L. rubicunda).* **Verbreitung/Lebensraum:** An Moortümpeln und nassen Torfstichen relativ häufig. **Lebensweise/Fortpflanzung:** Flugzeit Anfang Mai bis Anfang August. Eiablage im Flug. Jugendstadien: Zweijährige Larvenzeit.

Blutrote Heidelibelle

Mitte Männchen

Sympetrum sanguineum (Fam. Segellibellen/Libellulidae)

gesch.

Merkmale/ähnliche Arten: 30–38 mm lang; beim Männchen sind Hinterleib und Stirn blutrot, Brust und Augen braunrot, die Beine einfarbig schwarz. Das Weibchen ist gelbbraun bis rötlich. Verwechslungsmöglichkeiten mit anderen Heidelibellen. **Verbreitung/Lebensraum:** In Mitteleuropa häufigste Heidelibelle. Bewohnt stehende Gewässer aller Art. **Lebensweise/Fortpflanzung:** Flugzeit Ende Juni bis Oktober. Eiablage am Ufer, Überwinterung der Eier im Trockenen; Larven gelangen mit Überflutung im Frühjahr ins Wasser.

Gewöhnliche Heidelibelle

unten links Weibchen

Sympetrum vulgatum (Fam. Segellibellen/Libellulidae)

gesch.

Merkmale/ähnliche Arten: 35–40 mm groß; Hinterleib des Männchens leuchtend rot, Brust dunkelbraun; Weibchen anfangs hellbraun, später dunkler. Beine gelb gestreift. **Verbreitung/Lebensraum:** In Mitteleuropa an stehenden Gewässern aller Art häufig. **Lebensweise/Fortpflanzung:** Flugzeit Mitte Juli bis Oktober. Paarung meist am Boden, dann fliegen beide als Tandem zur Eiablage aus der Luft. Jugendstadien: Eier überwintern; Larvenzeit nur drei Monate.

Gefleckte Heidelibelle

unten rechts Weibchen

Sympetrum flaveolum (Fam. Segellibellen/Libellulidae

gesch.

Merkmale/ähnliche Arten: 30–35 mm groß; ähnlich gefärbt wie andere Heidelibellen, aber mit ausgedehnten gelben bis orangen Flecken an der Basis der Flügel. **Verbreitung/Lebensraum:** In Mitteleuropa weit verbreitet, aber nur gebietsweise häufig. Im Sommer trockenfallende Überschwemmungsflächen werden bevorzugt besiedelt. Hier oft mit Binsenjungfern (*Lestes* sp.) in großer Zahl. **Lebensweise/Fortpflanzung:** Flugzeit Ende Juni bis September. Eiablage in trockengefallenen Gräben und auf Schlammflächen. Jugendstadien: Die Larven entwickeln sich in nur 2–3 Monaten zur Imago.

Gewöhnlicher Ohrwurm

oben Männchen

Forficula auricularia (Fam. Ohrwürmer/Forficulidae)

Merkmale/ähnliche Arten: Die heimischen Ohrwürmer sind 5–25 mm große Insekten von heller oder dunkler Braunfärbung. Obwohl Ohrwürmer auf den ersten Blick flügellos wirken, besitzen sie dennoch Flügel und können auch in den meisten Fällen fliegen. Charakteristisch sind die kräftigen Zangen am Hinterleibsende, bei den Männchen immer mit kleinen Zähnchen. Sie dienen als Waffe gegen Feinde und Rivalen, zum Ergreifen von Beute und zum Entfalten der Flügel; auch bei der Kopula spielen sie eine Rolle. **Verbreitung/Lebensraum:** Von den insgesamt etwa 1300 bekannten Arten leben nur 7 Arten in Mitteleuropa. Unsere Art (9–14 mm) besiedelt Gärten, Parks und lichte Wälder. **Lebensweise/Fortpflanzung:** Ohrwürmer sind dämmerungs- und nachtaktiv, tagsüber verstecken sie sich in dunklen Schlupfwinkeln und bilden hier manchmal Massenansammlungen, so unter Borke oder in umgekehrten Blumentöpfen mit Baumwolle, wie man sie gerne zur Schädlingsbekämpfung in Obstbäume hängt. Die Nahrung besteht aber nicht in erster Linie aus Blattläusen und anderen Schadinsekten, sondern aus frischer Pflanzensubstanz, so daß die Tiere durch Benagen junger Triebe auch Schaden anrichten können. Da die Deckflügel sehr kurz sind, müssen die häutigen Flugflügel auf komplizierte Weise zusammengefaltet werden, damit sie darunter versteckt werden können. Von unseren heimischen Arten ist aber nur der kleine *Labia minor* ein guter Flieger. Der Gewöhnliche Ohrwurm besitzt zwar gut ausgebildete Flügel, jedoch meist eine zurückgebildete Flugmuskulatur; man trifft daher nur selten fliegende Exemplare an. Die Weibchen legen im Frühling und Herbst eine Höhle für ihre etwa 50 Eier an. Das Gelege wird durch Belecken, Umschichten und Verteidigung betreut, oft werden auch noch die Jungtiere umsorgt. Jugendstadien: Junge Ohrwürmer sehen den alten ähnlich (unvollkommene Verwandlung). Im Laufe ihrer Entwicklung machen sie 4–5 Häutungen durch. Sie überwintern in Verstecken.

Gottesanbeterin

unten
gesch., RL 1

Mantis religiosa (Fam. Gottesanbeter/Mantidae)

Merkmale/ähnliche Arten: Von den etwa 1800 Fangschrecken kommt in Mitteleuropa nur unsere Art vor. Die Weibchen werden bis 75 mm lang. Es kommen gelbbraune und grüne Tiere vor. Die Vorderbeine sind zu Fangbeinen umgewandelt, mit denen die tagaktiven Tiere ihre Beute greifen. In Lauerstellung werden sie wie im Gebet gehalten. Die Flügel werden nur zur Flucht benutzt. Unpaares Gehörorgan am Bauch zwischen den Hinterbeinen. **Verbreitung/Lebensraum:** In Mitteleuropa nur in trockenen Wärmegebieten (Kaiserstuhl, Saarland), häufiger in Südeuropa. **Lebensweise/Fortpflanzung:** Da die kleineren Männchen Gefahr laufen als Beute behandelt zu werden, schleichen sie sich von hinten an, werden aber nach der Kopula dennoch oft gefressen. Jugendstadien: Eier überwintern in erhärtendem Schaumpaket; Verwandlung unvollkommen.

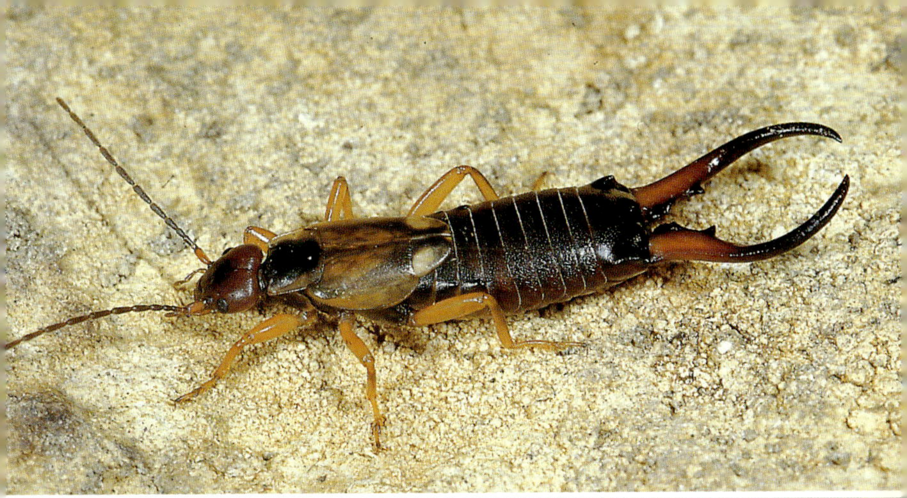
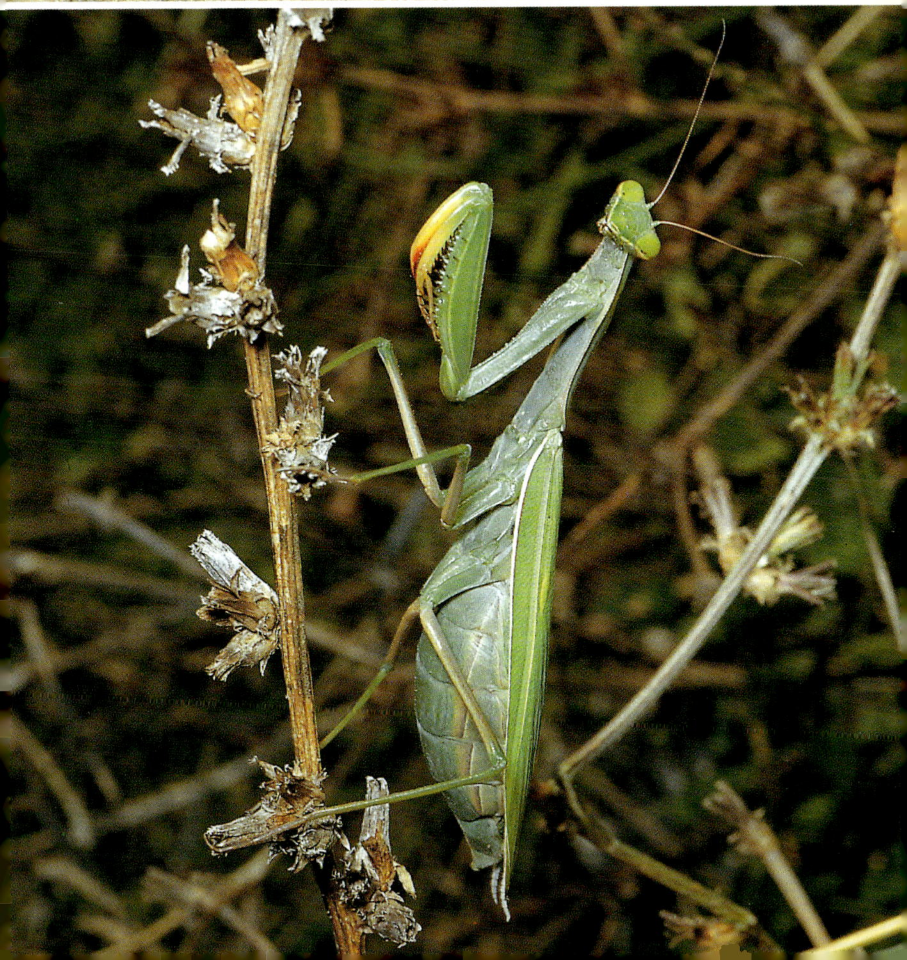

Küchenschabe, Kakerlak

oben

Blatta orientalis (Fam. Hausschaben/Blattidae)

Merkmale/ähnliche Arten: Die 5 in Mitteleuropa vorkommenden Schaben sind heute weltweit verbreitete, aus wärmeren Regionen eingeschleppte Arten. Unsere Art wurde wohl schon vor langer Zeit aus Südrußland eingeschleppt. Die Tiere werden bis 25 mm groß und sind dunkelbraun. Nur die Männchen besitzen meist körperlange Deckflügel, die Weibchen nur Flügelstummel. Deutlich kleiner (10–15 mm groß) sind die hellbraune Deutsche Schabe *(Blatella germanica)*, auch Russe oder Franzose genannt, und die erst seit den 50er Jahren eingeschleppte Braunbandschabe *(Supella longipalpa)*. Bis 30 mm groß werden die Amerikanische Schabe *(Periplaneta americana)* und die Australische Schabe *(P. australasiae)*. Im Gegensatz zur Küchenschabe besitzen beide Geschlechter dieser vier Arten Flügel – von denen sie aber kaum Gebrauch machen. Alle Schaben haben lange Fühler, die sie auf charakteristische Weise mit den Mundwerkzeugen putzen. **Verbreitung/Lebensraum:** In Mitteleuropa verbreitet, aber wohl nur in Gebäuden. **Lebensweise/Fortpflanzung:** Die sehr flinken, dämmerungsaktiven Tiere halten sich tagsüber meist versteckt. Sie leben von allen möglichen Abfällen und können als Vorratsschädlinge vor allem durch Verunreinigungen sehr lästig werden. Als wärmeliebende Insekten bevorzugen sie Bäckereien (»Bäckerschabe«). Der Kopulation geht eine längere Balz voraus. Das Weibchen produziert einen erhärtenden Eikokon, den es kurze Zeit mit sich herumträgt und dann versteckt. Jugendstadien: Die Larven sehen den Weibchen ähnlich und machen bis zur Geschlechtsreife 8–9 Häutungen durch.

Gewöhnliche Waldschabe

unten

Ectobius lapponicus (Fam. Wald- oder Kleinschaben/Ectobiidae)

Merkmale/ähnliche Arten: Im Gegensatz zu den oben genannten Vertretern der Blattariae sind die 12 in Mitteleuropa lebenden Waldschaben heimisch. Unsere Art wird bis 13 mm lang und ist braunschwarz gefärbt. Die Männchen besitzen gut ausgebildete Deck- und Flugflügel, von denen sie auch häufig Gebrauch machen; die Deckflügel der Weibchen sind kürzer, ihre Flugflügel stark verkümmert. Recht ähnlich sind Podas Waldschabe *(E. silvestris)* und die nur bis 8 mm große Küstenwald- oder Heideschabe *(E. panzeri)*. **Verbreitung/Lebensraum:** Bis Lappland in ganz Europa in Wald- und Heidegebieten verbreitet. Man findet die Tiere auf und in der Waldstreu, die Männchen eher in niedriger Vegetation, die Weibchen eher am Boden. **Lebensweise/Fortpflanzung:** Die tagaktiven Tiere ernähren sich von verschiedenen organischen Abfällen, wohl auch von Kleintieren. Jugendstadien: Die Larven gleichen bis auf die fehlenden Flügel den Alttieren.

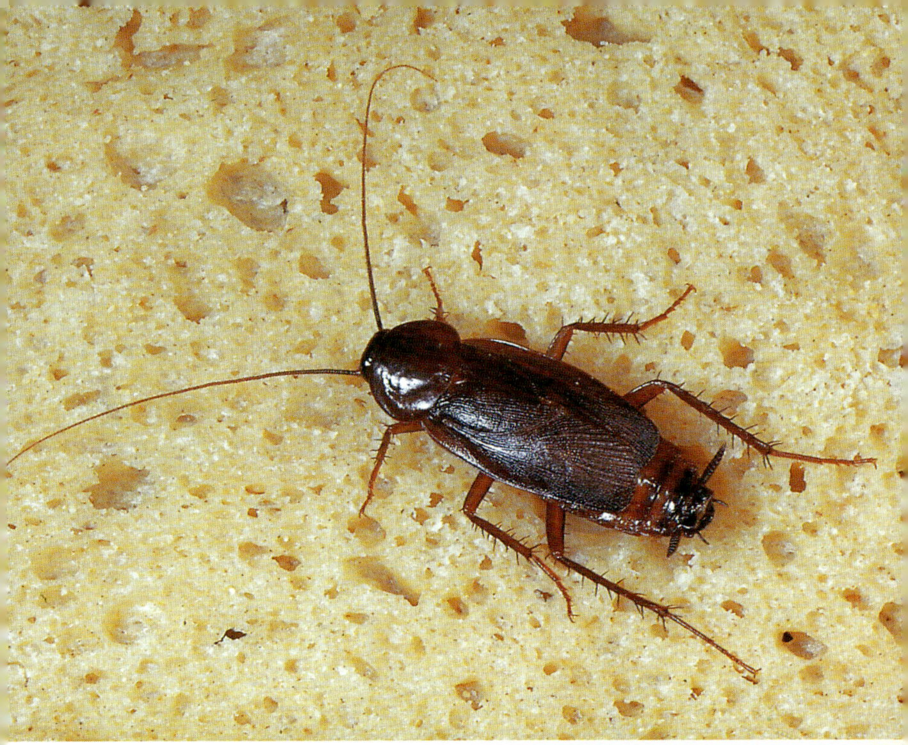
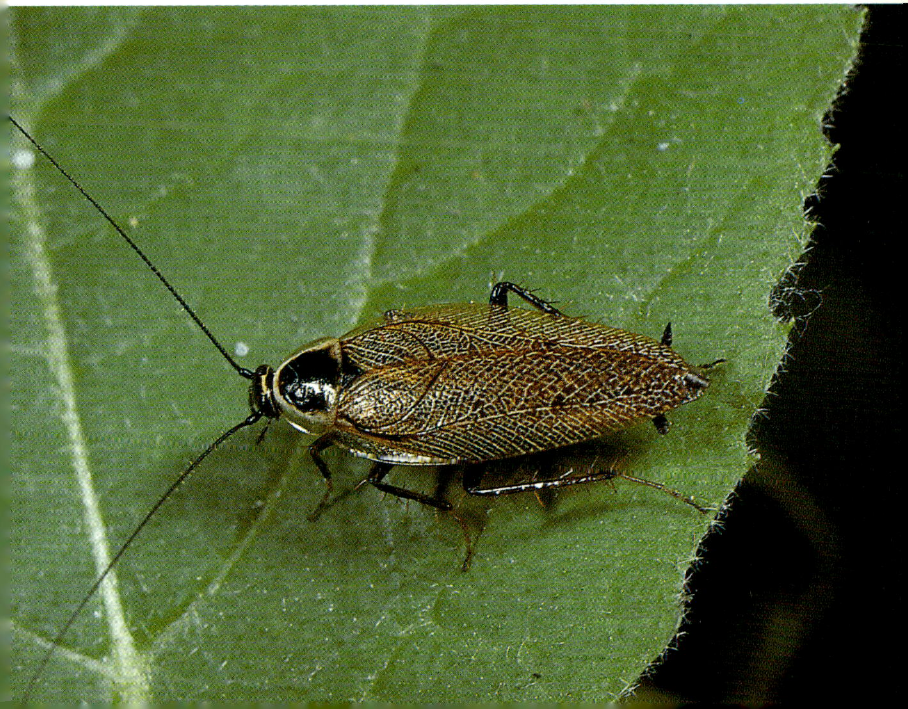

Maulwurfsgrille, Werre oben
Gryllotalpa gryllotalpa (Fam. Maulwurfsgrillen/Gryllotalpidae)

Merkmale/ähnliche Arten: Die bräunlich-gelblichen Tiere werden 50 mm groß. Die zu Grabschaufeln umgebildeten Vorderbeine lassen keine Verwechslung zu. Die Fühler sind relativ kurz, ebenso die Deckflügel, die von den flugtauglichen Hinterflügeln überragt werden. **Verbreitung/Lebensraum:** In Mitteleuropa weit verbreitet, lokal häufig. Als Lebensraum werden Wiesen und Gärten sowie Ruderalflächen besiedelt. **Lebensweise/Fortpflanzung:** Obwohl Werren manchmal durch Wurzelfraß und Unterwühlen von Jungpflanzen im Garten Schaden anrichten, ernähren sie sich überwiegend von Insektenlarven und Würmern. Der Gesang wird durch Aneinanderreiben der Deckflügel erzeugt: Langgezogene Schnarrlaute ertönen bald in höherer, bald in tieferer Tonlage. (Ziegenmelker und Wechselkröte singen ähnlich.) In Erdhöhlen werden bis zu 500 Eier abgelegt und durch Belecken betreut. Jugendstadien: Das erste Larvenstadium besitzt noch keine Grabbeine. Erst nach zwei Jahren sind die Tiere erwachsen.

Feldgrille Mitte
Gryllus campestris (Fam. Grillen/Gryllidae)

Merkmale/ähnliche Arten: Die braunschwarzen, kompakt wirkenden Tiere werden bis 26 mm lang. Hinterflügel meist verkümmert, dadurch flugunfähig. Nur bis 10 mm lang die Waldgrille *(Nemobius silvestris).* **Verbreitung/Lebensraum:** In Mitteleuropa weit verbreitet, aber vielerorts durch Intensivlandwirtschaft gefährdet. Sonnige, nicht zu dichte Rasen, möglichst in Hanglage mit Südexposition. **Lebensweise/Fortpflanzung:** Die Imagines findet man von Mai bis Juli. Sie leben in selbstgegrabenen, 30–40 cm tiefen Erdröhren. Die Männchen besetzen kleine Reviere, die sie gegen Eindringlinge verteidigen. Sie singen am Röhreneingang, indem sie die angehobenen Vorderflügel gegeneinander reiben. Nähert sich ein Weibchen, setzt ein leiser Werbegesang ein. Bei der Kopulation besteigt das Weibchen das Männchen. Die Eier werden mit dem Legebohrer in den Boden versenkt. Die Nahrung ist teils pflanzlich, teils tierisch. Jugendstadien: Die Larven schlüpfen nach 2–3 Wochen und überwintern nach etwa sieben Häutungen in selbstgegrabenen Gängen.

Hausgrille, Heimchen unten
Acheta domestica (Fam. Grillen/Gryllidae)

Merkmale/ähnliche Arten: 15–20 mm lang, zierlicher und heller als Feldgrille. **Verbreitung/Lebensraum:** Vorzugstemperatur über 30 °C, daher bei uns fast nur in Häusern, nur im Sommer auch im Freien (Müllplätze). **Lebensweise/Fortpflanzung:** Die hauptsächlich nachtaktiven Tiere leben gerne in Gruppen und ernähren sich überwiegend vegetarisch. Jugendstadien: Larven ähneln ungeflügelten Alttieren; 12–16 Larvenstadien.

Großes Grünes Heupferd
oben Weibchen

Tettigonia viridissima (Fam. Laubheuschrecken/Tettigoniidae)

Merkmale/ähnliche Arten: Von über 5000 Laubheuschrecken sind in Mitteleuropa nur 13 heimisch. Kennzeichnend für die Gruppe sind die oft mehr als körperlangen Fühler. Mit 35 mm gehört das Heupferd zu unseren stattlichsten Springschrecken. Beim ausgewachsenen Tier überragen die Flügel weit den Körper, die Schenkel der langen Springbeine und beim Weibchen die lange, ziemlich gerade Legröhre. **Verbreitung/Lebensraum:** In Mitteleuropa verbreitet und nicht selten. Man findet die Tiere in Wiesen und Getreidefeldern ebenso wie auf Büschen und Bäumen. **Lebensweise/Fortpflanzung:** Ernährt sich hauptsächlich von verschiedenen Kleintieren (Insekten), die mit den bedornten Vorderbeinen gefangen werden. Gelegentlich auch pflanzliche Kost. Klettern nachts gerne in die Baumkronen, wo die Männchen zwischen Juli und November laut und ausdauernd singen, wobei sie wie alle Laubheuschrecken nur die Flügel aneinander reiben. Der Gesang kann mit Grillengesang verwechselt werden, der jedoch früher im Jahr und niemals von Bäumen ertönt. Trotz der langen Flügel fliegen Heupferde meist nur kurze Strecken. Die Weibchen legen mit ihrer Legröhre bis zu 100 Eier im Boden ab. **Jugendstadien:** Die Entwicklung beginnt erst nach dem Überwintern der Eier und ist bereits im Juli abgeschlossen.

Warzenbeißer
Mitte Weibchen

Decticus verrucivorus (Fam. Laubheuschrecken/Tettigoniidae)

Merkmale/ähnliche Arten: So lang wie vorige Art, Flügel aber wesentlich kürzer. Weitere Unterschiede: kräftige Schenkel der Sprungbeine, gekrümmte Legröhre der Weibchen, schwarze und bräunliche Zeichnungen auf Flügeln und Körper (auch ganz braune Tiere). **Verbreitung/Lebensraum:** Im Gebiet weit verbreitet. Die erwachsenen Tiere trifft man von Juli bis Oktober auf Wiesen, Äckern und Heiden, fast stets auf dem Boden, kaum je auf Büschen und Bäumen. **Lebensweise/Fortpflanzung:** Larven und Alttiere ernähren sich von kleinen Insekten und Pflanzenteilen. Die Männchen singen nur tagsüber, bei Sonne in langen Sequenzen. Die Eier werden mit dem Legbohrer im Boden abgelegt. **Jugendstadien:** Nach Überwinterung der Eier entwickeln sich die Larven rasch und sind im Juli erwachsen.

Gewöhnliche Eichenschrecke
unten Männchen

Meconema thalassinum (Fam. Laubheuschrecken/Tettigoniidae)

Merkmale/ähnliche Arten: Eine hellgrüne, 12–15 mm lange Art; Fühler fast vierfache Körperlänge. Alttiere Ende Juli bis November. **Verbreitung/Lebensraum:** In ganz Mitteleuropa, aber schwer zu finden, da nur auf Bäumen. **Lebensweise/Fortpflanzung:** Nachtaktiv, jagt Raupen und Blattläuse. Männchen trommeln auf Blättern. **Jugendstadien:** Eier in Rindenritzen.

Laubholz-Säbelschrecke

oben Weibchen

Barbitistes serricauda (Fam. Laubheuschrecken/Tettigoniidae)   RL 3

Merkmale/ähnliche Arten: 6 der 7 heimischen Sichelschrecken haben stark rückgebildete Flügel. Der Legebohrer der Weibchen ist breit, gebogen und am Ende oft gesägt. Die Männchen unserer Art sind meist hellgrün bis braun. Der gelbe Augenstreifen zieht sich bis zu den rostbraunen Flügelstummeln hin. Beine, Fühler und Hinterleibsanhänge oft rot. 15–20 mm groß. **Verbreitung/Lebensraum:** Südliches Mitteleuropa. Imagines von Juli bis September an sonnigen Waldrändern und in warmen Steppenheidewäldern. **Lebensweise/Fortpflanzung:** Nachtaktiv auf Büschen und Bäumen. Gesang: »zp-zp-zp«-Strophen. **Jugendstadien:** Larven halten sich mehr auf dem Boden auf.

Gewöhnliche Dornschrecke

Mitte links

Tetrix undulata (Fam. Dornschrecken/Tetrigidae)

Merkmale/ähnliche Arten: 8–11 mm; Halsschild nach hinten in körperlangen Dorn auslaufend; Vorderflügel rückgebildet; Färbung sehr variabel. Die 6 heimischen Dornschreckenarten sind schwer zu unterscheiden. **Verbreitung/Lebensraum:** Verbreitet und relativ häufig. Waldlichtungen, Wiesen, trockene Moore. **Lebensweise/Fortpflanzung:** Keine Lauterzeugung. Alttiere können das ganze Jahr über beobachtet werden.

Gefleckte Keulenschrecke

Mitte rechts

Myrmeleotettix maculatus (Fam. Feldheuschrecken/Acrididae)

Merkmale/ähnliche Arten: Zu den Feldheuschrecken gehört die große Zahl der im Sommer und Herbst auf Wiesen oft sehr häufigen mittelgroßen Heuhüpfer. Sie zeichnen sich durch relativ kurze Fühler und einen schwirrenden Gesang aus, den sie durch Reiben der Hinterschenkel an den Vorderflügeln erzeugen. In Mitteleuropa kommen etwa 60 Arten vor, die oft eng an bestimmte Lebensräume gebunden sind. Die Gefleckte Keulenschrecke ist 11–17 mm groß. Die Verdickung der Fühlerenden ist nur beim Männchen deutlich zu sehen. Färbung variabel, oft dem Untergrund angepaßt. **Verbreitung/Lebensraum:** Vegetationsarme Sand- und Kalkflächen, auch Torfheiden. **Lebensweise/Fortpflanzung:** Der Gesang besteht aus leise gereihten Schwirrlauten.

Heidegrashüpfer

unten

Stenobothrus lineatus (Fam. Feldheuschrecken/Acrididae)

Merkmale/ähnliche Arten: Männchen bis 19, Weibchen bis 26 mm lang. Grün bis bunt gescheckt mit weißem Flügelfleck. **Verbreitung/Lebensraum:** In ganz Mitteleuropa, fehlt aber stellenweise an der Küste. Häufigste Art in Heiden und Trockenrasen. **Lebensweise/Fortpflanzung:** Gesang ein auf- und absteigendes Schwirren.

Gewöhnlicher Grashüpfer

oben links

Chorthippus parallelus (Fam. Feldheuschrecken/Acrididae)

Merkmale/ähnliche Arten: Männchen 13–16 mm, Weibchen 17–23 mm; Färbung sehr variabel, Hinterknie schwarz; Flügel verkürzt, beim Weibchen stark. Der Berg-Heuhüpfer *(C. montanus)* sieht unserer Art sehr ähnlich, lebt aber nicht in trockenen, sondern in feuchten Wiesen. Die Gesänge der beiden Arten ähneln sich, werden jedoch von den Weibchen nicht verwechselt. **Verbreitung/Lebensraum:** In Mitteleuropa weit verbreitet und an geeigneten Orten häufig. Trockene, extensiv bewirtschaftete Wiesen und Weiden, bevorzugt in hängigem Gelände. **Lebensweise/Fortpflanzung:** Alle Laubheuschrecken sind reine Pflanzenfresser. Jugendstadien: Aus den überwinternden Eiern schlüpfen zunächst räupchenähnliche Larven. Im Juni treten die ersten erwachsenen Feldheuschrecken auf.

Brauner Grashüpfer

oben rechts

Chorthippus brunneus (Fam. Feldheuschrecken/Acrididae)

Merkmale/ähnliche Arten: Männchen bis 18 mm, Weibchen bis 25 mm lang, von variabler Färbung. Sehr ähnlich dem häufigen Nachtigall-Heuhüpfer *(C. biguttulus),* an den Gesängen aber gut zu unterscheiden. **Verbreitung/Lebensraum:** In ganz Mitteleuropa in sandig-trockenen Biotopen. **Lebensweise/Fortpflanzung:** Adulte von Juli bis Oktober. Gesang ein monotones »sst-sst-sst«.

Rotflüglige Ödlandschrecke

Mitte

Oedipoda germanica (Fam. Feldheuschrecken/Acrididae)

gesch., RL 1

Merkmale/ähnliche Arten: Männchen 15–21 mm, Weibchen 22–28 mm lang; je nach Untergrund hellgrau bis schwarzbraun; Hinterflügel rot, mit breitem schwarzem Rand (nur beim Auffliegen sichtbar). Sehr ähnlich ist die häufigere Blauflüglige Ödlandschrecke *(O. caerulescens;* RL 3). **Verbreitung/Lebensraum:** Warme, trockene, steinige Biotope (Weinberge). **Lebensweise/Fortpflanzung:** Ernährt sich von Gräsern.

Schnarrschrecke

unten

Psophus stridulus (Fam. Feldheuschrecken/Acrididae)

gesch., RL 3

Merkmale/ähnliche Arten: 23–40 mm groß; Weibchen hellbraun bis grau, Männchen fast schwarz; Hinterflügel fast ganz rot; Halsschild mit Rückenkiel. Ähnlich voriger Art. **Verbreitung/Lebensraum:** Steinige Trockenrasen, im Gebirge bis 2000 m hoch. In weiten Teilen Mitteleuropas ausgestorben. **Lebensweise/Fortpflanzung:** Männchen fliegt mit klapperndem Schnarren auf; Weibchen schnarren im Sitzen.

Bergzikade

Cicadetta montana (Fam. Singzikaden/Cicadidae)

Merkmale/ähnliche Arten: Obwohl die meisten der rund 30 000 Zikadenarten in wärmeren Regionen leben, kommen im engeren Mitteleuropa immerhin rund 500 Arten vor. Es sind allerdings meist kleine und im allgemeinen nicht singende Arten. Alle Zikaden ernähren sich von Pflanzensäften. Die Fühler sind kurz und borstenförmig. Während des Fluges sind die zarteren Hinterflügel mit den ebenfalls meist durchsichtigen Vorderflügeln verbunden. Mit den Heuschrecken teilen sie das Singvermögen und eine gewisse Fähigkeit zu springen. Ihre Musikinstrumente sind aber völlig andere und einmalig für die Insekten: Zwei nach außen gewölbte Trommelfelle am ersten Hinterleibsring werden durch einen Muskel nach innen gezogen, wobei ein knackendes Geräusch entsteht – ähnlich wie bei den Blechfröschen der Kinder. Der schwirrende Gesang entsteht durch 50–480 Bewegungen in der Sekunde. Zur Familie der Singzikaden gehören in Mitteleuropa nur zwei Arten, unsere Bergzikade und die ebenfalls geschützte Blutrote Zikade *(Tibicen haematodes)*, auch Weinzwirner genannt. Letztere wird bis 38 mm groß, trägt rötliche Zeichnungen auf der Oberseite und kommt nur in den Weinbaugebieten vor. Ihren wetzenden Gesang hört man zur Zeit der Weinblüte. Mit 8–20 mm ist die Bergzikade wesentlich kleiner. Man findet sie ebenfalls nur stellenweise in Mitteleuropa. Ihr Gesang ist leise summend. Jugendstadien: 5–6 Larvenstadien.

Wiesenschaumzikade

Philaenus spumarius (Fam. Schaumzikaden/Cercopidae)

Merkmale/ähnliche Arten: Das Auffallendste an den Schaumzikaden ist der von den Larven erzeugte Schaum, den der Volksmund auch als Kuckucksspeichel bezeichnet. Die Imago ist nur 5–6 mm groß. Ähnlich: *Neophilaenus* sp. an Gräsern. **Lebensweise/Fortpflanzung:** Larve an verschiedenen Kräutern. Jugendstadien: Die Larven besitzen am Bauch eine Atemhöhle. Die Luft können sie in eine aus dem After austretende Flüssigkeit pumpen, die durch Eiweißstoffe des Tieres die Eigenschaft von Seifenlauge besitzt, so daß recht dauerhafter Schaum entsteht. Zum Luftholen recken die Larven die Spitze des Hinterleibs aus dem Schaum, der doppelte Funktion hat: Er schützt die zarten Larven vor Austrocknung und vor Feinden. Auch unterirdisch lebende Arten bilden Schaum.

Blutzikade

Cercopis vulnerata (Fam. Schaumzikaden/Cercopidae)

Merkmale/ähnliche Arten: Schwarz mit roten Flecken, 8–10 mm groß. Larven unterirdisch im Schaum an den Wurzeln krautiger Pflanzen und Weinreben. Die ähnliche Weidenzikade *(Aphrophora salicina)* findet man oft in Massen an Weiden und Pappeln.

Grüne Pfirsichlaus
oben links

Myzus persicae (Fam. Röhrenläuse/Aphididae)

Merkmale/ähnliche Arten: Vgl. hierzu Einleitung S. 19. **Lebensweise/Fortpflanzung:** Hauptwirt unserer Art sind Pfirsichbäume, Nebenwirt verschiedene Kräuter. Die Eier überwintern an jungen Zweigen. Großer Schaden entsteht durch Übertragung von Viruskrankheiten.

Schwarze Bohnenlaus
oben rechts

Aphis fabae (Fam. Röhrenläuse/Aphididae)

Lebensweise/Fortpflanzung: Hauptwirt sind verschiedene Sträucher, Nebenwirt Ackerbohnen, Rüben und andere krautige Pflanzen. Schaden entsteht bei Massenbefall und durch Übertragung von Viruskrankheiten. Von Ameisen gehegte Kolonien entwickeln sich besonders gut. Die Weibchen gebären lebende Junge und sind in der ungeschlechtlichen Phase sehr produktiv.

Gewöhnliche Napfschildlaus
unten links

Eulecanium corni (Fam. Napfschildläuse/Lecaniidae)

Merkmale/ähnliche Arten: Schildläuse werden nur ein bis wenige Millimeter groß. Von den insgesamt etwa 4000 bekannten Arten leben in Mitteleuropa etwa 180. Die Männchen haben große Vorderflügel und rückgebildete Hinterflügel. Die Weibchen besitzen weder Flügel noch Augen, Fühler und Beine sind kurz oder fehlen ebenfalls. Ihr ungegliederter Körper ist ganz oder teilweise von einem Schild bedeckt, der je nach Art aus unterschiedlichen Stoffen besteht. **Lebensweise/Fortpflanzung:** Auch Schildläuse scheiden überschüssigen Zucker aus, was Ameisen, andere Insekten – und den Menschen anlockt: Das biblische Manna bestand aus den eingetrockneten Exkrementen vorderasiatischer Schildläuse. Aus dem Blut der auf Opuntien lebenden Cochenille-Schildlaus wird das Karmin gewonnen, aus den Schildern der ostasiatischen Lack-Schildläuse Schellack. Viele Schildläuse sind Schädlinge, da sie durch ihre Ausscheidungen Rußtau fördern und Viruskrankheiten übertragen. 1–2 Generationen im Jahr. Jugendstadien: Aus den Eiern schlüpfen freibewegliche Larven. Je nach Geschlecht setzen sie sich früher oder später fest, bilden Nymphenstadien aus und bei den Männchen schließlich geflügelte Tiere.

Grüne Fichtengallenlaus
unten rechts Galle

Sacchiphantes viridis (Fam. Tannenläuse/Adelgidae)

Lebensweise/Fortpflanzung: Durch den Saugreiz der Tannenläuse (in Mitteleuropa etwa 20 Arten) entstehen ananasförmige Gallen an Jungtrieben oder Knospen der Fichte, in deren Kammern die Nachkommen der Laus leben. Später öffnen sich die Gallen und geben die geflügelten Wanderformen frei. Wirtswechsel unserer Art mit Lärche. Galle grün mit roten Schüppchenrändern.

Kugelwanze
oben links

Coptosoma scutellatum (Fam. Kugelwanzen/Plataspidae)

Merkmale/ähnliche Arten: Eine 4 mm große, kugelige Wanze, bei der das an den Halsschild anschließende Schildchen den ganzen Hinterkörper bedeckt. Die Flügel sind darunter zusammengefaltet. **Lebensweise/Fortpflanzung:** Saugt hauptsächlich an Kronwicke und anderen Schmetterlingsblütlern.

Grüne Stinkwanze
oben rechts Eiablage

Palomena prasina (Fam. Schild- oder Baumwanzen/Pentatomidae)

Merkmale/ähnliche Arten: Bezeichnend für die Schildwanzen ist das große, manchmal den ganzen Hinterleib bedeckende Schildchen, das an den Halsschild anschließt; bei unserer Art (11–14 mm) reicht es gut bis zur Mitte des Hinterleibs. Der lange Saugrüssel wird in der Ruhe unter den Bauch geklappt. Von den insgesamt etwa 6000 Schildwanzen-Arten leben nur gut 60 im engeren Mitteleuropa. Einige sind sehr bunt. Manche Schildwanzen leben räuberisch und sind als Vertilger von Schadinsekten nützlich. Unsere Art ist nur im Sommer grün, wird im Herbst zur Überwinterung braun und im Frühjahr wieder grün. **Verbreitung/Lebensraum:** Die Art ist in Mitteleuropa weit verbreitet und lebt an Büschen und Bäumen. **Lebensweise/Fortpflanzung:** Larven und Imagines leben vor allem von Pflanzensäften. Durch Saugen an unreifem Getreide können sie bei stärkerem Befall schädlich werden. Die Imagines saugen gelegentlich auch Kleininsekten aus. Beide Geschlechter können durch Reiben der Hinterbeine am Hinterleib tiefe Laute erzeugen, die der Paarfindung dienen. Wie viele Wanzen besitzt sie Stinkdrüsen zur Abwehr von Feinden.

Italienische Streifenwanze
unten

Graphosoma italicum (Fam. Schild- oder Baumwanzen/Pentatomidae)

Merkmale/ähnliche Arten: Etwa 12 mm lang; die roten und schwarzen Streifen verlaufen auf dem bis zum Hinterleibsende reichenden Schildchen längs, auf dem Hinterleib (unter Schild und Flügeln) aber quer zum Körper. Ähnlich sieht *G. lineatum* aus. Die Feuerwanzen (S. 86) sind ebenfalls rotschwarz gefärbt, aber nicht gestreift. **Verbreitung/Lebensraum:** Die wärmeliebende Art kommt in Mitteleuropa vor allem in Weinbaugegenden vor. Sie wird häufig auf Doldenblütlern angetroffen. **Lebensweise/Fortpflanzung:** Über die Lebensweise ist wenig bekannt. Möglicherweise saugen sie wie andere Schildwanzen gerne an Beeren, die dadurch den unangenehmen Wanzengeruch annehmen. Die Eier werden wie bei der vorigen Art in dichten Gruppen an der Vegetation abgelegt. <u>Jugendstadien:</u> Die Junglarven leben häufig in Freßgemeinschaften eine zeitlang zusammen. Die Larven sind ebenfalls bunt gezeichnet, was als Warnfarbe gedeutet wird.

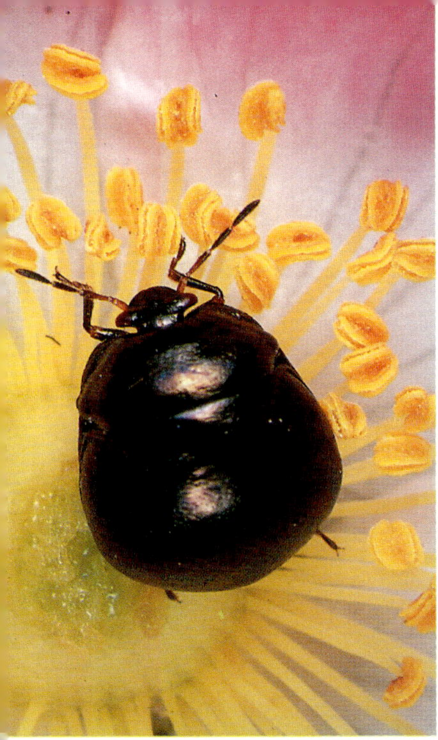
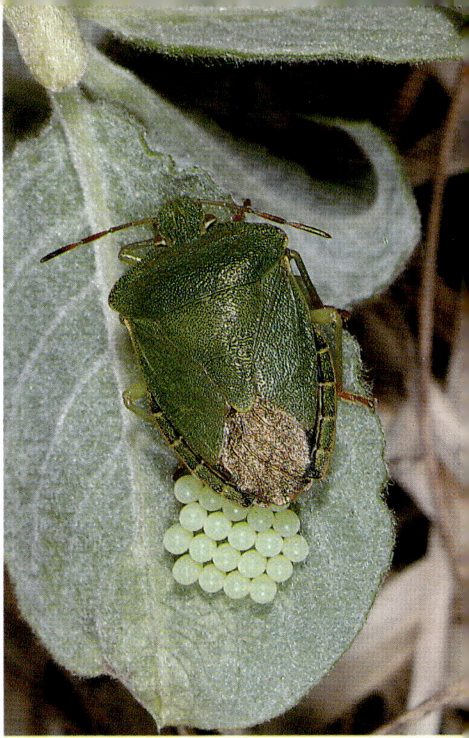
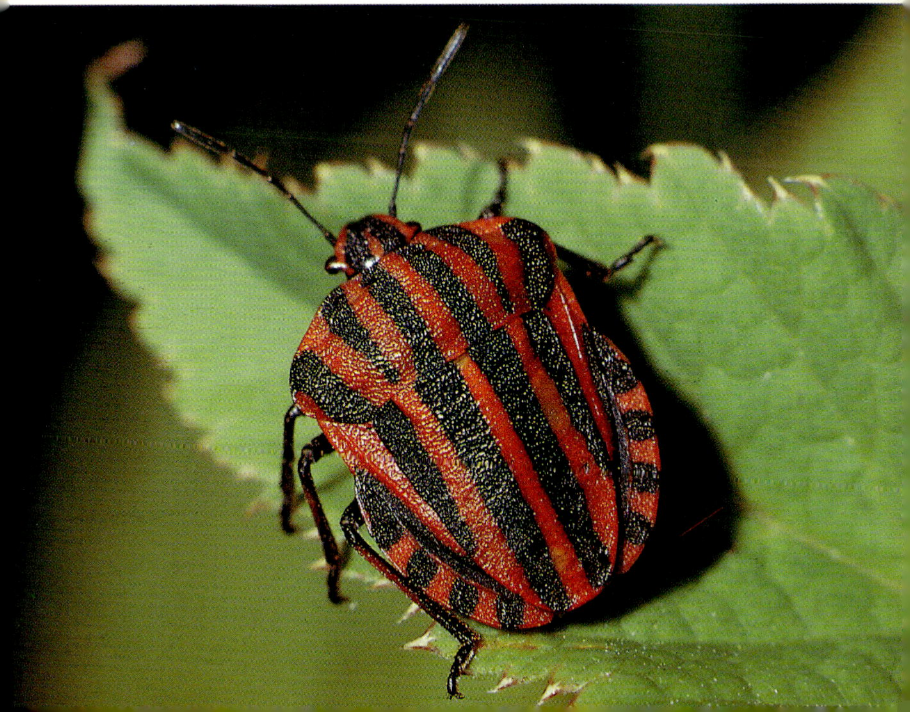

Beerenwanze

oben

Dolychoris baccarum (Fam. Schild- oder Baumwanzen/Pentatomidae)

Merkmale/ähnliche Arten: Die 10–12 mm großen Tiere sind an Kopf, Halsschild und Beinen abstehend behaart; die schwarzen Fühler sind weiß geringelt; die übrige Färbung variiert stark. **Verbreitung/Lebensraum:** Weit verbreitet in Gärten, an Waldrändern und auf Wiesen. **Lebensweise/Fortpflanzung:** Saugt gerne an Beeren, die durch den Gestank ungenießbar werden.

Rotbeinige Baumwanze

unten links

Pentatoma rufipes (Fam. Schild- oder Baumwanzen/Pentatomidae)

Merkmale/ähnliche Arten: Mit 13–15 mm eine unserer größten Baumwanzen. Im Sommer hellbraun, im Winter dunkelbraun mit Erzglanz, der Saum ist hübsch hell-dunkel gemustert. **Verbreitung/Lebensraum:** Weit verbreitet und stellenweise sehr häufig. **Lebensweise/Fortpflanzung:** Lebt auf Laubbäumen hauptsächlich von Pflanzensäften, gelegentlich auch von Kleintieren. Fliegt nachts auch in Wohnungen.

Lederwanze, Saumwanze

unten rechts

Coreus marginatus (Fam. Saum- oder Lederwanzen/Coreidae)

Merkmale/ähnliche Arten: Die Lederwanzen haben ihren Namen von ihrem ledrig-braunen Aussehen. Die Seiten des Hinterleibs sind zu einem vorstehenden flachen Rand (Saum) verbreitert. Sie werden bis 16 mm groß. In Mitteleuropa etwa 40 Arten. Unsere Art wird 11–16 mm groß und ist ziemlich einheitlich braun; *Enoplops scapha* und *Syromastus rhombus* sehen ähnlich aus. **Verbreitung/Lebensraum:** Weit verbreitet und nicht selten. **Lebensweise/Fortpflanzung:** Als Wirtspflanzen werden Ampferarten, Rainfarn und Weidenröschen bevorzugt.

Feuerwanze
oben

Pyrrhocoris apterus (Fam. Feuerwanzen/Pyrrhocoridae)

Merkmale/ähnliche Arten: Etwa 10 mm große schwarz-rote Wanze mit ovalem Körperumriß. Färbung und Zeichnung werden stark beeinflußt von verschiedenen Außenbedingungen. Vor allem wirkt sich die Temperatur auf die Ausbreitung der schwarzen Pigmente aus. Die Flügel der Feuerwanze lassen das hintere Drittel des Hinterleibs frei. **Verbreitung/Lebensraum:** Verbreitet und sehr häufig. **Lebensweise/Fortpflanzung:** Die Tiere versammeln sich oft in Mengen unter (bestimmten?) Linden und saugen an den Lindensamen. Gelegentlich ist die Nahrung wohl auch tierisch (Insekteneier, Aas). Die Männchen erkennen die arteigenen Weibchen auf geringe Distanz an einem Sexuallockstoff. Die Paarung kann bis zu 30 Stunden dauern. Die etwa 100 Eier werden in selbstgegrabenen kleinen Erdhöhlen oder zwischen abgefallenem Laub abgelegt. **Jugendstadien:** Der Hinterleib der Larven ist nahezu einheitlich rot.

Zornige Raubwanze, Rote Mordwanze
Mitte

Rhinocoris iracundus (Fam. Raubwanzen/Reduviidae)

Merkmale/ähnliche Arten: Der Kopf der Raubwanzen ist vorgestreckt und beweglich; ihre Fühler sind peitschenförmig geknickt; die Vorderbeine sind zu Fangbeinen umgebildet. In Mitteleuropa etwa 10 Arten. Die Imagines unserer Art werden 14–17 mm groß. Das schwarz-rote Muster ist recht variabel; Verwechslung mit anderen Arten möglich. **Verbreitung/Lebensraum:** Die wärmeliebende Art ist mehr auf den Süden Mitteleuropas beschränkt. **Lebensweise/Fortpflanzung:** Ernährt sich wie alle Vertreter der Familie in allen Stadien ausschließlich von anderen Insekten. **Jugendstadien:** Überwintert als Larve.

Prachtwanze
unten

Miris striatus (Fam. Weich- oder Blindwanzen/Miridae)

Merkmale/ähnliche Arten: Mit über 300 Arten in Mitteleuropa sind die Weichwanzen unsere artenreichste Wanzenfamilie. Typisch ist ein kleines dreieckiges Feld im Vorderflügel. Viele Arten sind sehr farbenprächtig. Die Prachtwanze (9–12 mm) weist eine variable Gelb-Schwarz-Zeichnung auf. **Verbreitung/Lebensraum:** Weit verbreitet, doch nur stellenweise häufig. **Lebensweise/Fortpflanzung:** Hält sich bevorzugt auf Laubbäumen und Brennesseln auf und lebt hauptsächlich von anderen Insekten, die sie aussaugt.

Gewöhnlicher Wasserläufer

oben

Gerris lacustris (Fam. Wasserläufer/Gerridae)

Merkmale/ähnliche Arten: Die Wasserwanzen (S. 88–91) zeigen ebenfalls eine recht große Formenfülle, unterscheiden sich aber von den Landwanzen (S. 82–87) im allgemeinen durch weniger farbenprächtiges Aussehen. Bei den Wasserläufern (in Mitteleuropa 12 sehr ähnliche Arten) sind die Mittel- und Hinterbeine wesentlich länger als bei den Bachläufern *(Velia)*, die Vorderbeine sind jedoch viel kürzer, was bei den Teichläufern (unten) nicht der Fall ist. Körper und Beine sind mit einem dichten Filz wasserabstoßender Härchen besetzt. Unsere Art wird 8–10 mm lang. **Verbreitung/Lebensraum:** Weit verbreitet, auf Gräben und Teichen sehr häufig. **Lebensweise/Fortpflanzung:** Jagen andere Insekten auf der Wasseroberfläche oder fressen Aas. Die Vorderbeine dienen dem Erfassen der Beute, die gleichzeitig bewegten Mittelbeine der Fortbewegung und die Hinterbeine der Steuerung. Die Flügel sind mehr oder weniger rückgebildet, Tiere mit voll ausgebildeten Flügeln können weit fliegen, sie überwintern oft weit vom Wasser entfernt.

Gewöhnlicher Teichläufer

unten

Hydrometra stagnorum (Fam. Teichläufer/Hydrometridae)

Merkmale/ähnliche Arten: Die Teichläufer, auch Wasserstelzwanzen genannt (in Mitteleuropa 2 Arten), haben einen sehr dünnen, langgestreckten Körper; auch Beine und Fühler sind dünn und lang; Flügel fehlen oder sind rückgebildet. Unsere Art wird 9–12 mm groß, ist braun bis schwarz und trägt die Augen im hinteren Drittel des langen Kopfes. **Verbreitung/Lebensraum:** Verbreitet in der Uferzone stehender oder träge fließender Gewässer. **Lebensweise/Fortpflanzung:** Im Gegensatz zu den hurtig dahingleitenden Wasserläufern stelzen die Teichläufer eher träge. **Jugendstadien:** Die Larven sehen den Alttieren ähnlich.

Gewöhnlicher Rückenschwimmer

oben und Mitte

Notonecta glauca (Fam. Rückenschwimmer/Notonectidae)

Merkmale/ähnliche Arten: Die Rückenschwimmer (6 Arten in Mitteleuropa) hängen in der Ruhe mit der Bauchseite nach oben unter der Wasseroberfläche (Foto oben) und schwimmen auch mit dem Rücken nach unten. Ihre Flügel bilden ein gewölbtes Dach (s. Foto Mitte). Unsere Art wird 14–18 mm groß. **Verbreitung/Lebensraum:** Weit verbreitet und in vegetationsreichen Kleingewässern nicht selten. **Lebensweise/Fortpflanzung:** Die verlängerten Hinterbeine tragen Schwimmhaare, die sich beim Rückschlag spreizen. Die Luft wird von zwei mit dichten Haarreihen besetzten Rinnen am Bauch gehalten, so daß langes Tauchen möglich ist. Mit ihrem Saugrüssel können Rückenschwimmer schmerzhaft stechen, was ihnen den Namen »Wasserbienen« eingetragen hat.

Wasserskorpion

unten

Nepa rubra (Fam. Skorpionswanzen/Nepidae)

Merkmale/ähnliche Arten: Eine gelblich-bräunliche, breite und sehr flache Wasserwanze mit skorpionartigen Fangbeinen und einem langen Atemrohr (17–22 mm ohne Atemrohr). **Verbreitung/Lebensraum:** Verbreitet und in vegetationsreichen, seichten Gewässern häufig. **Lebensweise/Fortpflanzung:** Die Tiere leben im Bodenschlamm von Teichen und Gräben, häufig im engsten Uferbereich, und lauern hier oder zwischen Wasserpflanzen auf Wasserinsekten, Kaulquappen und Jungfische. Zum Luftholen hängen sie sich kopfüber mit dem Atemrohr an die Wasseroberfläche; ihren Luftvorrat haben sie unter den Flügeln. Ihr Schwimm- und Flugvermögen ist gering. Die Tiere überwintern auch an Land. Jugendstadien: Unvollkommene Verwandlung; die Larven haben keine Flügel und ein deutlich kürzeres Atemrohr.

Gewöhnliche Skorpionsfliege

oben Männchen

Panorpa communis (Fam. Skorpionsfliegen/Panorpidae)

Merkmale/ähnliche Arten: Die 18–20 mm großen Tiere haben ziemlich lange, reich geäderte, braun gefleckte Flügel. Der Vorderkopf ist rüsselartig verlängert. Während der Hinterleib des Weibchens im Legeapparat spitz endet, trägt das Männchen dort ein Begattungsorgan, das an den Stachel der Skorpione erinnert. **Verbreitung/Lebensraum:** In ganz Europa in feuchten Laubwäldern, buschreichen Auen, Gärten und Parks; stellenweise in Mengen. **Lebensweise/Fortpflanzung:** Die Nahrung besteht aus toten Kleintieren, verrottenden Pflanzen und süßen Säften. Während der Begattung »füttern« die Männchen die Weibchen mit 7 Speichelkügelchen, die wichtige Aufbaustoffe für die Eier enthalten. Die Eier werden in den Boden gelegt. Jugendstadien: Vollkommene Verwandlung; die im Erdreich lebenden raupenartigen Larven tragen 3 Brust- und 8 Bauchbeinpaare. Sie verpuppen sich in kleinen Erdhöhlen.

Schlammfliege

unten Weibchen mit Gelege

Sialis sp. (Fam. Schlammfliegen/Sialidae)

Merkmale/ähnliche Arten: Recht große (20 mm lange), gedrungen und düster wirkende Insekten mit großen, häutigen Flügeln, die den Körper weit überragen. In Mitteleuropa sind nur drei Vertreter heimisch, die sich recht ähnlich sehen und leichter an ihren Lebensräumen zu unterscheiden sind. **Verbreitung/Lebensraum:** Stehende Gewässer, mit schlammigem Boden werden von der häufigen *S. flavilatera* besiedelt. Die sehr ähnliche *S. fuliginosa* bevorzugt hingegen fließende, sauerstoffreichere Gewässer. **Lebensweise/Fortpflanzung:** Schlammfliegen sind flugträge Tiere. Im Mai/Juni sieht man sie oft in Mengen in der Ufervegetation sitzen. Aufgescheucht fliegen sie nur ein kurzes Stück. Nur in der Sonne werden sie etwas munterer und lecken dann auch leicht zugänglichen Nektar; im übrigen kommen sie mit wenig Nahrung aus. Die Verständigung zwischen den Geschlechtern ist recht ungewöhnlich. Durch Zittern des Hinterleibs senden sie Vibrationssignale aus, die durch die Unterlage übertragen werden. Das Weibchen legt die Eier in Gelegen von mehreren 100 bis 1000 an der Ufervegetation stets über dem Wasserspiegel ab (Foto). Jugendstadien: Vollkommene Verwandlung. Die bald nach der Eiablage schlüpfenden wurmförmigen Larven lassen sich ins Wasser fallen und leben dort räuberisch von Insektenlarven, Würmern und kleinen Muscheln. Durch Körperschlängeln und Beinarbeit können sie recht gut schwimmen. Die beinartig aussehenden Hinterleibsanhänge sind Tracheenkiemen, die der Atmung dienen. Die erste Überwinterung findet im 7., die zweite im 10. Larvenstadium statt. Die dann etwa 20 mm große Larve geht im Frühling zur Verpuppung an Land. Die Puppe liegt in lockerer Erde. Bereits nach einer Woche ist die Verwandlung abgeschlossen, und die Flugtiere schlüpfen.

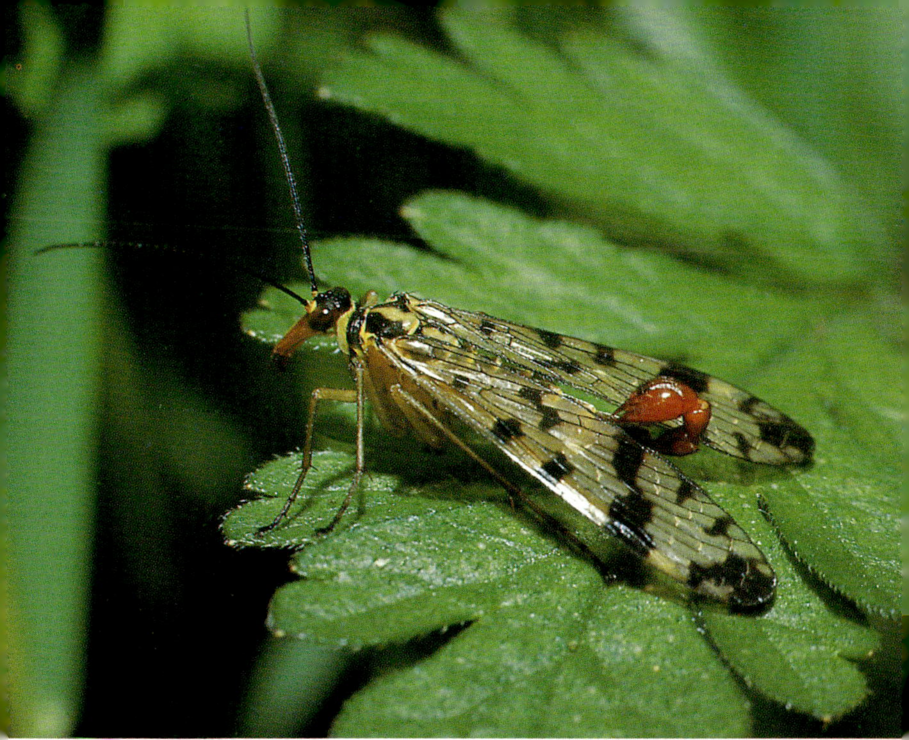

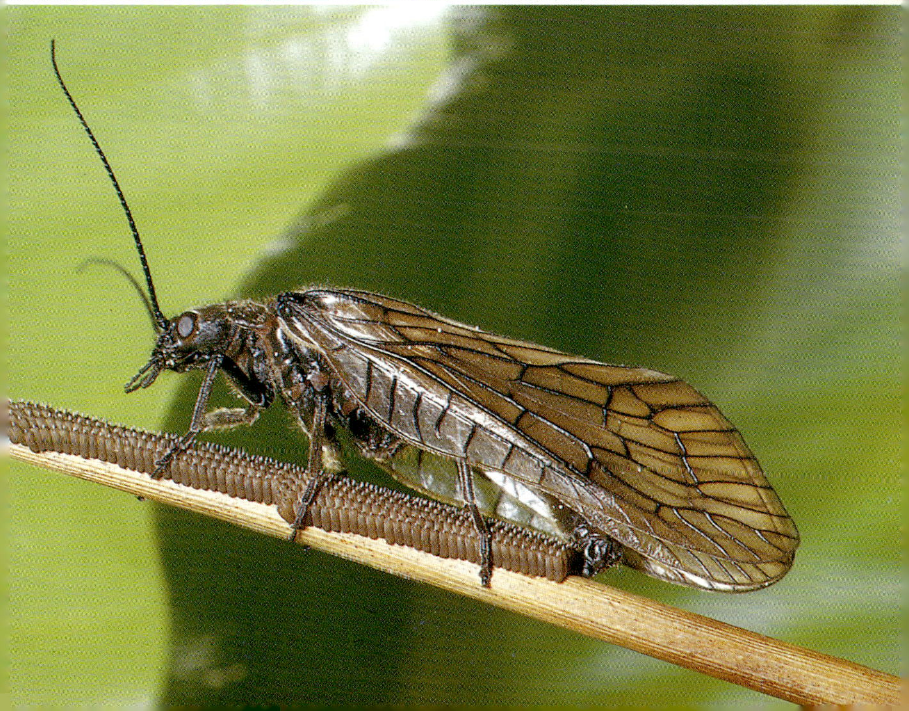

Ameisenjungfer
oben links Fangtrichter, rechts Larve, unten Imago

Myrmeleon formicarius (Fam. Ameisenjungfern/Myrmelionidae)

Merkmale/ähnliche Arten: Bekannter als die Flugformen sind die Larven dieser Familie (s. u.). Die stattlichen Imagines der Ameisenjungfern sehen mit ihren gleichartig großen, häutigen Flügeln und ihrem stabförmigen Hinterleib kleineren Libellen ähnlich. Der Körper unserer Art ist etwa 35 mm lang, die Flügelspannweite beträgt 60–80 mm. Im Gegensatz zu Libellen sind die Fühler aber fast so lang wie der Vorderkörper. Die bei manchen Arten (z. B. *M. europaeus*) dunkel gefleckten Flügel werden in der Ruhe dachförmig über dem Hinterleib getragen. Von den rund 2000 bekannten Arten kommen in Mitteleuropa nur fünf vor.

Verbreitung/Lebensraum: Unsere Art ist in Europa bis Südskandinavien weit verbreitet, aber nur stellenweise häufiger. Sie bevorzugt warme, sandige Heiden und Waldränder; auch in Gebäudenähe.

Lebensweise/Fortpflanzung: Die Tiere fliegen im Sommer vor allem in der Dämmerung und nachts und werden daher im Volksmund auch als Nachtlibellen bezeichnet. Tagsüber ruhen sie meist in der Vegetation. Mit ihren kräftigen Mundwerkzeugen ernähren sie sich von Kleininsekten (Blattläusen) und deren Larven (Raupen).

Jugendstadien: Vollkommene Verwandlung. Die Larven der Ameisenjungfern leben im Sand und werden als Ameisenlöwen bezeichnet. Sie bauen Sandtrichter, in denen sich Ameisen und andere Kleininsekten fangen, die von der am Grund lauernden Larve gefressen werden. (Die Larven der meisten anderen Ameisenjungfern jagen aber frei herumlaufend). Bemerkenswert ist, daß die trichterbauenden Larven stets rückwärts laufen. An ihrem Hinterleib stehen Borsten nach vorne, die ihnen das Eingraben in lockeren Sand erleichtern. Durch ruckartige Bewegungen mit dem Kopf schleudern sie Sandkörner in die Höhe, so daß allmählich (unter günstigen Bedingungen in 15–30 Minuten) der Trichter entsteht. Beute, die an der Trichterwand hochzuklettern versucht, wird oft durch hochgeschleuderten Sand wieder ins Rutschen gebracht. Mit den Saugzangen wird der Beute zunächst ein lähmendes Gift injiziert, dann ein Verdauungssekret, schließlich wird der vorverdaute Inhalt aufgesogen. Das dritte Larvenstadium verpuppt sich im Frühling in einem Sandkokon.

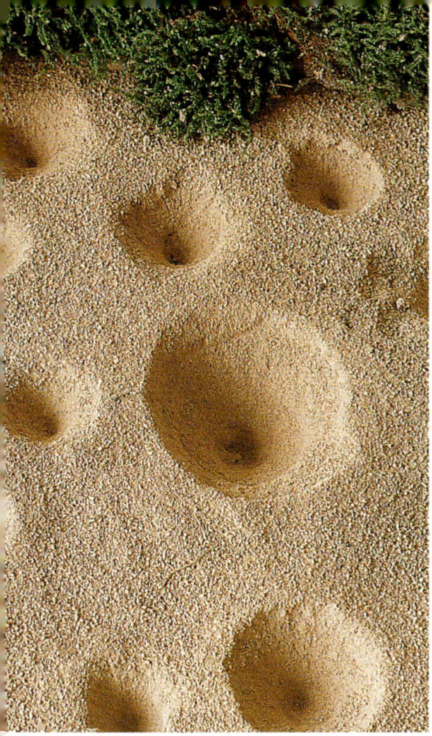
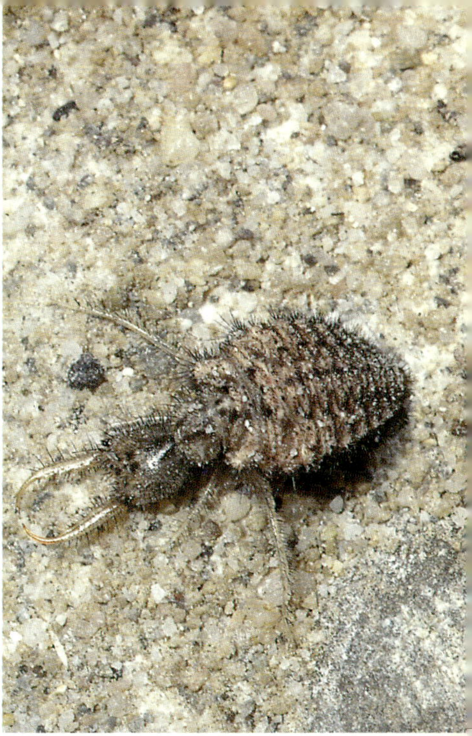
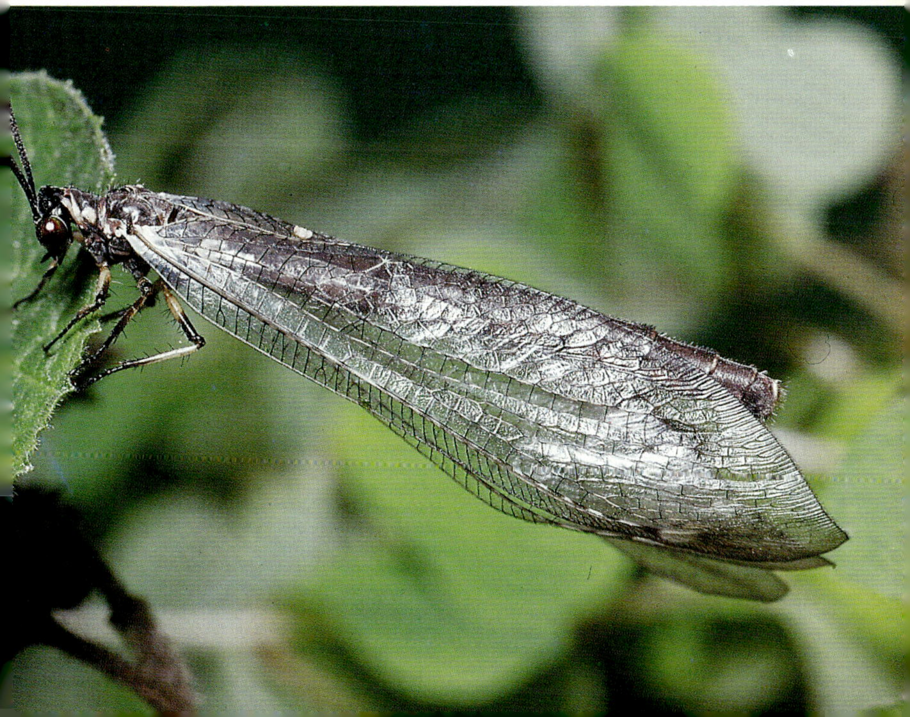

Gewöhnliche Florfliege

oben links Larve, rechts Imago

Chrysopa perla (Fam. Florfliegen/Chrysopidae)

Merkmale/ähnliche Arten: Die zartbeflügelten Tiere sind bekannt, da sie nachts ans Licht fliegen und oft in Gebäuden überwintern. Wegen ihrer vorstehenden, goldenen Augen werden sie auch Goldaugen genannt. Der stabförmige Körper ist nur etwa 10 mm lang, die Spannweite beträgt jedoch 30 mm. Die Fühler sind fast körperlang. In Mitteleuropa leben 22 oft schwer unterscheidbare Arten. **Verbreitung/Lebensraum:** In ganz Europa ziemlich häufig; in Gärten, auf Wiesen, in lockeren Laubwäldern. **Lebensweise/Fortpflanzung:** Die Imagines fliegen hauptsächlich nachts. Larven und Imagines ernähren sich räuberisch, vor allem von Blattläusen. Die Geschlechter kommunizieren durch Ultraschallaute, die sie durch Reiben von Borstenfeldern an Vorderflügeln und Rücken erzeugen. Die Weibchen legen die Eier meist in der Nähe von Blattlauskolonien ab. Man erkennt die Gelege daran, daß die Eier auf dünnen Stielen sitzen. **Jugendstadien:** Die Larven sind langgestreckt und borstig behaart. Viele Arten tarnen sich mit leeren Blattlaushüllen, Rindenstückchen oder der Wachswolle ihrer Beute. Nimmt man ihnen diese Tarnung, werden sie von den blattlaushütenden Ameisen aus den Kolonien entfernt. Die Larven verpuppen sich in einem Kokon. Die Entwicklung der meisten Arten ist einjährig.

Schmetterlingshaft

unten

Ascalaphus libelluloides (Fam. Schmetterlingshafte/Ascalaphidae)

Merkmale/ähnliche Arten: Der wissenschaftliche Artname *(libelluloides)* weist auf die Ähnlichkeit mit Libellen hin, der deutsche Name auf die mit Schmetterlingen. An Schmetterlinge erinnern die vorne keulenförmig verdickten Fühler, der schwarz pelzig behaarte Körper und vor allem die lebhafte gelb-schwarze Färbung der Flügel. Während die Flügel normalerweise in der Ruhe dachförmig zurückgelegt werden, werden sie in warmer Sonne auch manchmal nach der Art von Tagfaltern ausgebreitet gehalten. Die Körperlänge unserer Art beträgt 25 mm, die Flügelspannweite etwa 50 mm. Von den rund 300 bekannten Arten dieser Familie kommen nur drei im engeren Mitteleuropa vor. **Verbreitung/Lebensraum:** Hauptsächlich in wärmeren Gebieten. Lichte Heidewälder werden als Lebensraum bevorzugt. Die Tiere sind nirgends häufig, aber recht auffällig. **Lebensweise/Fortpflanzung:** In raschem Flug werden Insekten erbeutet. Die Eier werden in einer Doppelreihe an dünnen Stengeln abgelegt. **Jugendstadien:** Die Larven sehen mit ihren kräftigen Saugzangen denen der Ameisenjungfern (S. 94) ähnlich. Sie ernähren sich in der Bodenstreu von Insekten und deren Larven. Nach zweimaliger Überwinterung verpuppen sie sich im Frühsommer. Kurze Zeit später schlüpfen die Imagines.

Feld-Sandlaufkäfer

oben

Cicindela campestris (Fam. Sandlaufkäfer/Cicindelidae)

gesch.

Merkmale/ähnliche Arten: 10,5–14,5 mm. Die Flügeldecken sind auffallend grün gefärbt mit wenigen hellen Flecken. Deutlich erkennbar sind die sichelförmig vorspringenden, gezähnten Mundwerkzeuge (Mandibeln) und die großen vorstehenden Augen. Eine ähnliche Art ist der 8–11 mm große Deutsche Sandlaufkäfer *(C. germanica).* **Verbreitung/Lebensraum:** In Mitteleuropa einer der bekanntesten und häufigsten Vertreter der Gattung *Cicindela.* Auf sandigem oder sandig-lehmigem Boden, Wald- und Wiesenwegen zu finden. **Lebensweise/Fortpflanzung:** Die Käfer sind von April bis September anzutreffen. Sie leben räuberisch, jagen bevorzugt Spinnen und Insekten, indem sie die optisch wahrgenommene Beute blitzschnell überfallen. Bei Bedrohung fliegen sie abrupt hoch. Im Mai, sofort nach der Kopulation bohrt das Weibchen mit dem Hinterleib ein etwa 5 mm tiefes Loch in den Boden zur Eiablage. Jugendstadien: 3 Larvenstadien. Die Larve lebt in einer selbstgegrabenen, senkrechten Erdröhre. Bei schönem Wetter sitzt sie im oberen Teil der Behausung, wobei Kopf und Halsschild das Loch verschließen, und nur die zangenartigen Mandibeln herausragen. Die Beute wird durch eine ruckartige Kopfbewegung nach oben mit den Mandibeln gepackt, getötet, auf den Grund der Röhre gezerrt und ausgesaugt. Kot und Nahrungsreste werden entfernt. Die Larven überwintern meist im 2. Stadium in der verschlossenen Wohnröhre und verpuppen sich im Juli des folgenden Jahres; etwa drei Wochen später schlüpfen die Jungkäfer.

Wald-Sandlaufkäfer

unten

Cicindela hybrida (Fam. Sandlaufkäfer/Cicindelidae)

gesch.

Merkmale/ähnliche Arten: 14–20 mm. Flügeldecken schwarzbraun mit symmetrisch angeordneten, hellen Linien an den Außenkanten der Flügeldecken. Die schwarze, gekielte Oberlippe ermöglicht eine eindeutige Unterscheidung von ähnlichen Arten. **Verbreitung/Lebensraum:** Nicht sehr häufige Art. Hauptvorkommen in Mitteleuropa im Norden und Osten auf sandigen Böden. **Lebensweise/Fortpflanzung:** Von April bis August anzutreffen. Wie alle Vertreter ihrer Gattung leben sie räuberisch von Spinnen und Insekten. Das Weibchen legt die Eier nach der Kopulation in selbstgebohrten Erdröhren ab. Jugendstadien: Die Larven bewohnen Erdröhren aus denen sie hervorschnellen und ihre Beute erlegen. Nach dem 3. Larvenstadium verpuppen sie sich. Der Jungkäfer schlüpft im Spätsommer und überwintert im Boden.

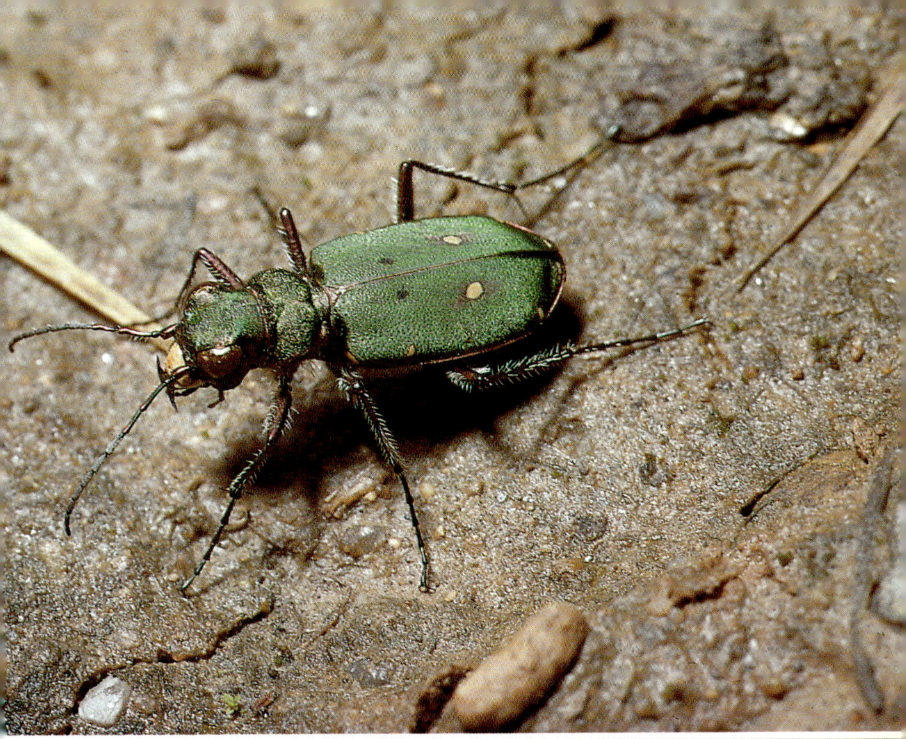

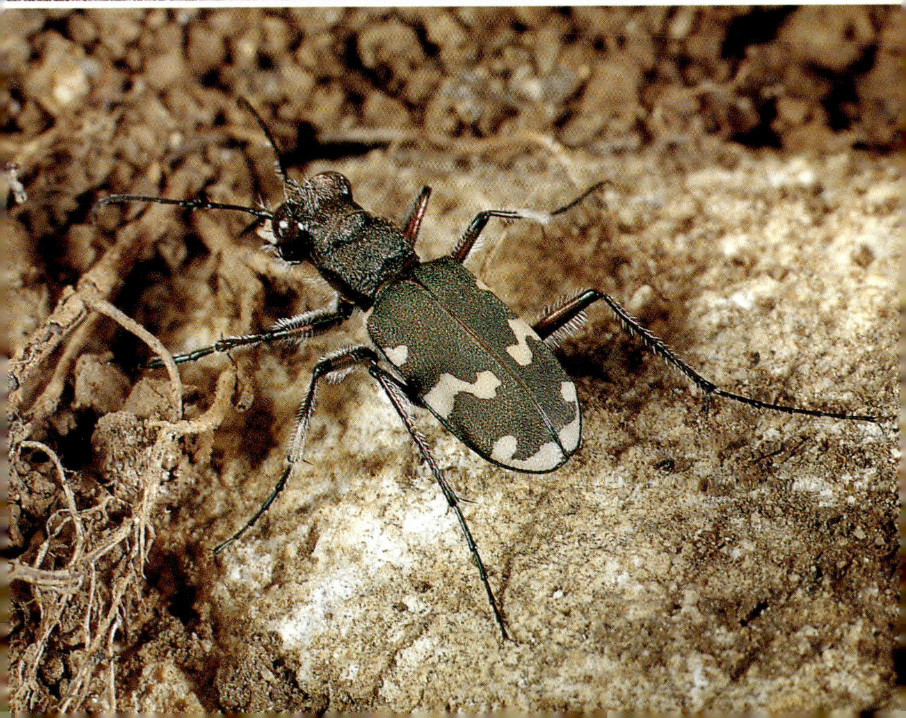

Gold-Laufkäfer, Goldschmied, Goldhenne

oben

Carabus auratus (Fam. Laufkäfer/Carabidae)

Merkmale/ähnliche Arten: Körperlänge 17–30 mm. Der Goldschmied besitzt eine schlanke Körperform mit leuchtend goldgrüner Färbung. Auf den Flügeldecken verlaufen abgerundete Längsstreifen. Von dem ähnlichen Goldglänzenden Laufkäfer *(C. auronitens)* unterscheidet er sich durch den ausgeschnittenen Hinterrand der Flügeldecken. **Verbreitung/Lebensraum:** Häufiges Vorkommen bis zur Oder mit starker Ausbreitungstendenz nach Nordosten. Meidet sandige Böden. **Lebensweise/Fortpflanzung:** Man trifft die Käfer von April bis August. Im Gegensatz zu vielen seiner Artgenossen ist der Goldschmied tagaktiv. Er ist von großer Bedeutung für Land- und Forstwirtschaft, da er jährlich mehrere hundert Raupen, Engerlinge, Nacktschnecken und Drahtwürmer verzehrt. Verdaut wird die Beute vor dem Mund durch Ausspucken von Verdauungssäften. Störenfriede werden ebenfalls so abgewehrt. Die Jungkäfer überwintern im Boden. Das Weibchen legt nach der Begattung im Frühjahr innerhalb der nächsten Wochen 20–60 Eier einzeln in kleine Erdhöhlen ab. Jugendstadien: Die schwarzen Larven leben räuberisch. Nach zweimaliger Häutung verpuppen sie sich.

Goldleiste

unten

Carabus violaceus (Fam. Laufkäfer/Carabidae)

Merkmale/ähnliche Arten: 22–35 mm. Die Seiten der Flügeldecken und des Halsschilds des ansonsten schwarzen Käfers sind rotviolett, blau oder grün gesäumt. Beine und Fühler sind schwarz. Die länglich ovalen Flügeldecken sind fein gekörnt. Eine sehr variable Art, die zur Bildung von Unterarten neigt. **Verbreitung/Lebensraum:** Weit verbreitete in Europa, bis Ostsibirien und Japan. Man findet den Käfer vom Flachland bis ins Gebirge, vor allem im Wald, aber auch im offenen Gelände. Er meidet trockene Standorte. **Lebensweise/Fortpflanzung:** Die Käfer sind von Juni bis August anzutreffen. Sie ernähren sich von verschiedenen Insekten und deren Larven, fressen aber auch Aas und gelegentlich Pilze. Jugendstadien: Die ebenfalls räuberische Larve lebt im Erdreich. Nach zweimaliger Häutung verpuppt sie sich.

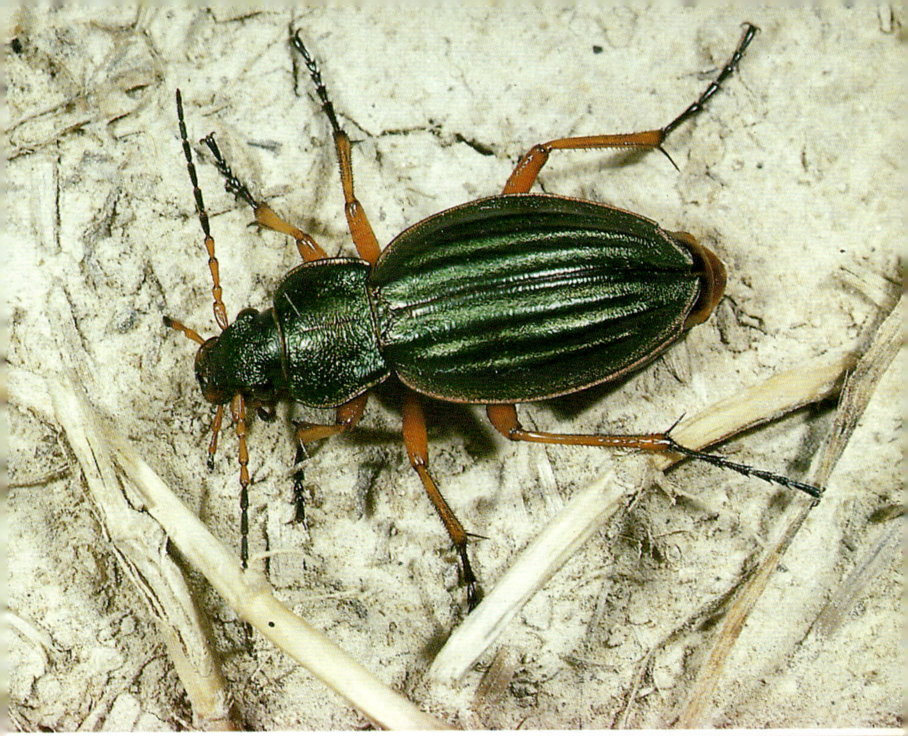

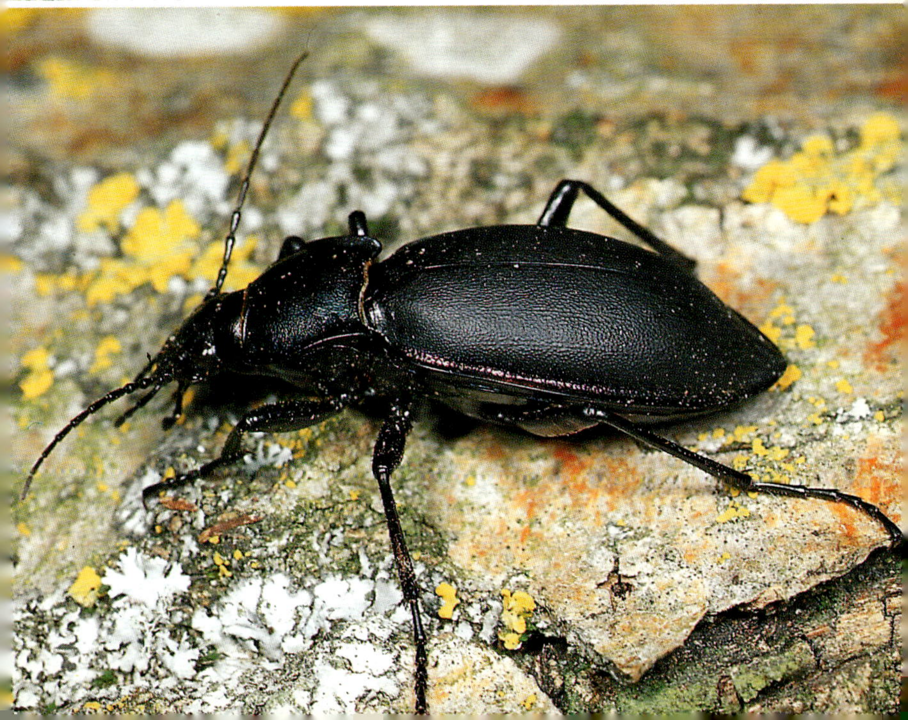

Körniger Laufkäfer

oben

Carabus granulatus (Fam. Laufkäfer/Carabidae)

Merkmale/ähnliche Arten: 17–23 mm. Die Farbe von Flügeldecken, Halsschild und Kopf variiert von Kupferrot und Grün bis Schwarz. Fühler und Beine sind schwarz. Beim Männchen reichen die Fühler bis zur Mitte der Flügeldecken. Die Fühlerenden der Weibchen sind gut sichtbar eingekerbt. Auf den Flügeldecken erkennt man deutlich ein Muster aus gekörnten Kettensteifen und durchgezogenen Leisten. **Verbreitung/Lebensraum:** Eine in ganz Europa weitverbreitete und häufige Art. Der Käfer ist auf Feldern, Wiesen und in Wäldern von der Ebene bis ins Hochgebirge, unter Steinen, Moos u. ä. anzutreffen. **Lebensweise/Fortpflanzung:** Die Käfer fliegen von April bis September; die Art zählt zu den wenigen flugfähigen Laufkäfern. Die Tiere ernähren sich überwiegend von Insekten, Würmern und von Gehäuseschnecken. Nach der Begattung legt das Weibchen 40 Eier einzeln in flache Erdhöhlen.

Ufer-Laufkäfer

unten

Carabus clathratus (Fam. Laufkäfer/Carabidae)

gesch., RL 2

Merkmale/ähnliche Arten: 20–36 mm. Die Farbe variiert von Kupfer bis Schwarz. An den goldglänzenden Gruben auf den Flügeldecken ist der Käfer leicht zu erkennen. Die unterbrochenen Rippen stehen im Wechsel mit durchgezogenen Leisten. **Verbreitung/Lebensraum:** In dem von Westeuropa bis Japan reichenden Verbreitungsgebiet kommt die Art nur noch lückenhaft vor. Als Lebensraum werden Ufer, Küsten, Moore und Feuchtwiesen besiedelt. Durch Trockenlegung dieser Lebensräume wurde die Art in vielen Gebieten bereits ausgerottet und ist in anderen Gebieten selten. **Lebensweise/Fortpflanzung:** Die flugfähigen Käfer sind von April bis September anzutreffen. Die Tiere können für kurze Zeit tauchen, dabei führen sie einen kleinen Luftvorrat unter den Flügeldecken mit. Wie seine Gattungsgenossen lebt auch der Ufer-Laufkäfer räuberisch von Insekten. Das Weibchen legt die Eier in kleinen Bodenmulden ab. Jugendstadien: Die Larven durchlaufen drei Larvenstadien. Nach der Verpuppung schlüpfen die Jungkäfer im Herbst und überwintern im Boden.

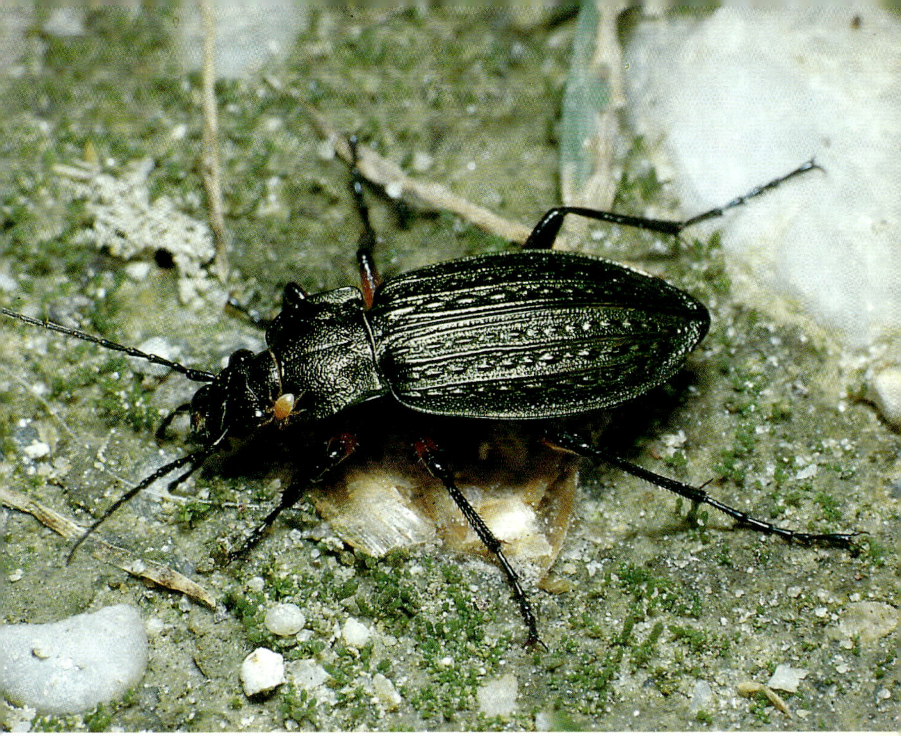
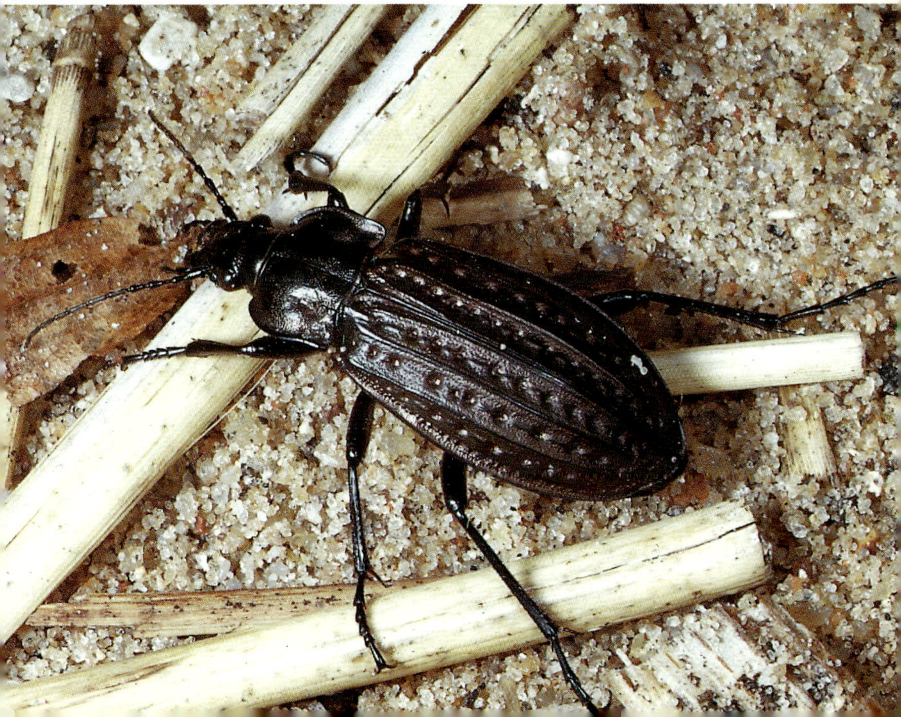

Hain-Laufkäfer

oben

Carabus nemoralis (Fam. Laufkäfer/Carabidae)

Merkmale/ähnliche Arten: 18–28 mm. Bronzefarben bis schwarzgrün glänzend. Flügeldecken und Halsschild sind violett oder blau gesäumt. Die Leisten auf den Flügeldecken erheben sich nur leicht. In regelmäßigem Abstand sind sie durch violette oder ungefärbte Vertiefungen unterbrochen. Der Kopf ist grob gerunzelt. **Verbreitung/Lebensraum:** In Mitteleuropa, auf den Britischen Inseln, dem Balkan und in Nordspanien anzutreffen. Bevorzugt werden feuchte Wälder, Felder, Gärten vom Flachland bis in 2000 m Höhe. **Lebensweise/Fortpflanzung:** Die Käfer sind im Frühjahr und Herbst aktiv, während des Sommers ruhen sie in Bodenverstecken. Wichtiger tag- und nachtaktiver Schädlingsvertilger. Ernährt sich auch von reifen Obst. Überwintert in verschiedenen Entwicklungsstadien.

Blauer Laufkäfer

Mitte

Carabus intricatus (Fam. Laufkäfer/Carabidae)

Merkmale/ähnliche Arten: 24–36 mm. Flügeldecken ziemlich flach, mit Kettenstreifen, intensiv blau bis blauschwarz gefärbt. Langer Halsschild mit tiefer Mittelfurche. **Verbreitung/Lebensraum:** Südliches Mitteleuropa, Italien, Balkan, Südengland, Südschweden, Dänemark. Besiedelt Wälder, Gärten und Küsten, wo er unter Steinen, Moos und Rinden lebt. **Lebensweise/Fortpflanzung:** Tagaktiver Räuber, der zusätzlich reifes Obst und Pilze vertilgt. Jungkäfer schlüpfen im Herbst und überwintern zu mehreren in alten Holzstubben. Von Juli bis August halten sie Sommerruhe.

Mittlerer Bombardierkäfer

unten

Brachinus crepitans (Fam. Laufkäfer/Carabidae)

Merkmale/ähnliche Arten: 7–10 mm. Außer den blauen, grünen, selten blauschwarzen Flügeldecken ist der ganze Käfer orangerot gefärbt; die Flügel sind gerieft und anliegend behaart. Ähnlich ist der kleinere, 5–7 mm große Kleine Bombardierkäfer *(B. explodens).* **Verbreitung/Lebensraum:** Europa bis Bornholm, Südfinnland, selten in Südengland. Unter Steinen, bevorzugt in warmen, höheren Lagen. **Lebensweise/Fortpflanzung:** Im hinteren Bereich des Hinterleibs sitzen zwei dreiteilige Drüsen; bei Gefahr werden die Ventile der einzelnen Kammern geöffnet und die darin erzeugten chemischen Lösungen strömen in die Reaktionskammer, wo es zu einer explosionsartigen Reaktion kommt. Durch den Gasdruck treibt der Käfer ein übelriechendes und ätzendes Gas aus und »bombardiert« damit seine Feinde. So kann der Käfer vor dem irritierten Angreifer flüchten. Man findet die Käfer oft zu mehreren in ihren Verstecken.

Gelbrandkäfer

oben Männchen, Mitte Weibchen, unten Larve

Dytiscus marginalis (Fam. Schwimmkäfer/Dytiscidae)

Merkmale/ähnliche Arten: 27–35 mm. Länglich-ovaler Körper. Halsschild und Flügeldecken sind mit einem gleichmäßig breiten, gelben Band gesäumt. Die Körperunterseite ist ebenfalls gelbbraun. Beine mit langen Schwimmhaaren. Die Geschlechter sind sehr verschieden. Beim Männchen sind die ersten drei Vorderfußglieder verbreitert und unterseits mit einem großen, einem mittleren und etwa 160 winzigen Saugnäpfen besetzt. Die Vorrichtung dient als Haftorgan bei der Begattung. Die Oberfläche der Deckflügel ist schwarzgrün und glatt, während das Weibchen grünbraun ist und gefurchte Flügeldecken hat.

Verbreitung/Lebensraum: Häufigste und am weitesten verbreitete Art der Gattung in fast ganz Europa. Bevorzugt pflanzenreiche stehende und langsam fließende Gewässer. Besiedelt auch Moore und Brackwasser.

Lebensweise/Fortpflanzung: Gelbrandkäfer schwimmen und fliegen sehr gut. Beim Tauchen regeln sie ihr Gewicht durch Aufnahme von Wasser in den Enddarm. Hier werden auch Verdauungsprodukte gesammelt, die bei Gefahr ins Wasser abgegeben werden. Zusätzlich produziert der räuberisch lebende Käfer in einer Drüse an der Vorderbrust das Wirbeltierhormon Cortexon, das z. B. bei Fischen zu Lähmung führt. Durch Öffnungen (Stigmen) am letzten Hinterleibssegment wird Luft über die Tracheen in die Luftspeicher zwischen Rücken und Flügeldecken geleitet. Die Hauptbegattungszeit ist im Herbst, ansonsten auch im Frühjahr. Dabei klammert sich das Männchen mit seinen Saugnäpfen mehrere Tage an das Weibchen. Die Übertragung des Samens erfolgt innerhalb von 15 Minuten. Während der nächsten 10 Wochen legt das Weibchen bis zu 1000 Eier unter Wasser ab. Mit seiner Legeröhre sticht es lebende Pflanzen an und legt die etwa 7 mm großen, langgestreckten Eier einzeln in das Pflanzengewebe ab.

Jugendstadien: Im Frühsommer schlüpfen die räuberischen Larven. Beine und letzte Hinterleibssegmente sind mit Schwimmhaaren bedeckt. Mit den zangenartigen Mundwerkzeugen (Mandibeln) wird die Beute – Insektenlarven, Wasserasseln, Kaulquappen und kleine Fische – festgehalten. Über einen feinen Kanal in den Mandibeln wird eine Flüssigkeit injiziert, die das Opfer lähmt und das Gewebe verflüssigt, so daß es vorverdaut aufgesogen werden kann. In Abhängigkeit von der Wassertemperatur erfolgt die Larvenentwicklung innerhalb von 4–12 Wochen. Das dritte Larvenstadium ist 60–80 mm lang. Die Larven steigen zur Verpuppung an Land und legen eine Puppenwiege an. Nach etwa 2–4 Wochen schlüpft der Jungkäfer, der anschließend überwintert.

Furchenschwimmer oben

Acilius sulcatus (Fam. Schwimmkäfer/Dytiscidae)

Merkmale/ähnliche Arten: 16–18 mm. Abgeflachter, ovaler Körper. Gelber Käfer mit schwarzer V-Zeichnung zwischen den Augen. Der Halsschild zeigt zwei schwarze Querstreifen, Flügeldecken dunkel gesprenkelt, Hinterschenkel gelb mit schwarzem Band. Unterseite schwarz. Vorderfußgliedmaßen beim Männchen stark verbreitert mit zahlreichen Saugnäpfen; Flügeldecken glatt. Flügeldecken der Weibchen mit je 4 stark behaarten Längsfurchen; Saugplättchen fehlen. Der ähnliche *A. canaliculatus* unterscheidet sich von unserer Art durch die einfarbig gelben Hinterschenkel. **Verbreitung/Lebensraum:** Lebt in stehenden und langsam fließenden Gewässern und Mooren Europas. **Lebensweise/Fortpflanzung:** Sehr guter Schwimmer. Eiablage an Land in Gelegen von 30–50 Eiern unter morscher Rinde oder im Moos.

Gewöhnlicher Taumelkäfer Mitte

Gyrinus substriatus (Fam. Taumelkäfer/Gyrinidae)

Merkmale/ähnliche Arten: 5–7 mm. Schwarzglänzender Käfer. Die hinten abgestutzten Flügeldecken sind mit feinen Punktreihen besetzt. Seiten, Mittelbrust und letztes Hinterleibssegment der Unterseite sowie die Beine sind gelbbraun gefärbt. Glieder der Mittel- und Hinterbeine verbreitert. Auge zweigeteilt. Ähnlich ist *G. natator,* aber mit dunklem Bauch. **Verbreitung/Lebensraum:** In Europa, Nordafrika, Klein- und Westasien in stehenden und langsam fließenden Gewässern und Mooren. **Lebensweise/Fortpflanzung:** Schwimmt in raschen Kurven. Luftraum und Wasseroberfläche werden mit dem oberen Teil, Unterwasserraum mit dem unteren Teil des zweigeteilten Auges beobachtet. Taucht bei Gefahr ab. Die Eier werden in Reihen an Wasserpflanzen befestigt.

Großer Kolbenwasserkäfer unten

Hydrous piceus (Fam. Wasserkäfer/Hydrophilidae) gesch., RL 2

Merkmale/ähnliche Arten: 34–50 mm. Ovaler Körper; Flügeldecken schwarz glänzend mit grünem Schimmer; Beine braun, mit Schwimmhaaren; Hinterleibssegmente am Bauch dachartig zugespitzt. Der ähnliche *H. aterrimus* ist kleiner und ohne Grünschimmer. Bauch nicht dachartig geformt. **Verbreitung/Lebensraum:** Fast ganz Europa, in pflanzenreichen Gewässern. **Lebensweise/Fortpflanzung:** Pflanzenfresser. Weibchen spinnt für die Eiablage einen seidenartigen Kokon von etwa 2 auf 3 cm, der auf dem Wasser schwimmt. Jugendstadien: Die Larve wird bis 70 mm lang und ernährt sich räuberisch. Sie verpuppt sich an Land. Der Käfer schlüpft im Herbst und überwintert im Wasser.

Gewöhnlicher Totengräber oben

Necrophorus vespillo (Fam. Aaskäfer/Silphidae)

Merkmale/ähnliche Arten: 12–24 mm. Die Endglieder der Fühler sind rot. Die Flügeldecken sind am Vorder- und Hinterrand mit langen hellen Haaren bedeckt und auffällig mit je zwei orangeroten Querbalken gezeichnet, selten ganz schwarz. Der hintere Rand der Flügel ist gerade abgestutzt und läßt drei Hinterleibssegmente frei. Vordergliedmaßen der Männchen sind stark verbreitert. Sehr ähnlich sieht der kleinere (10–18 mm) Schwarzhörnige Totengräber *(N. vespilloides)* aus, dem aber die roten Fühlerspitzen fehlen. Der Schwarze Totengräber *(N. humator)* ist größer (18–28 mm) und ganz schwarz. **Verbreitung/Lebensraum:** Häufigste Art der Gattung; über die ganze Paläarktis verbreitet. Meist an den Kadavern von Mäusen oder Vögeln zu finden. **Lebensweise/Fortpflanzung:** Die Käfer versammeln sich zu mehreren an einem Kadaver und beginnen die Erde unter ihm wegzuschaffen. Nach einigen Stunden ist er »begraben«. Das stärkste Paar nimmt den zu einer Nahrungskugel geformten Kadaver in Besitz. Nach der Kopula vertreibt das Weibchen das Männchen und legt in einen Nebengang etwa 20 Eier. Jugendstadien: Nach 5 Tagen schlüpfen die Larven und werden durch zirpende Laute des Weibchens zu einer vorverdauten Stelle am Kadaver gelockt und hier einige Zeit gefüttert bis sie selbst fressen können. Nach 7 Tagen durchbrechen die Larven den Kadaver und verpuppen sich im Erdreich. Die Jungkäfer schlüpfen noch im gleichen Jahr.

Rothals-Silphe unten

Oiceoptoma thoracicum (Fam. Aaskäfer/Silphidae)

Merkmale/ähnliche Arten: 12–16 mm. Flacher Körper mit schwarzen Flügeldecken und auffällig rot gefärbtem Halsschild. Die Flügeldecken bedecken den gesamten Hinterleib. Die Fühler sind kurz und zum Ende hin etwas verdickt. Eine Verwechslung mit anderen Arten ist nicht möglich. **Verbreitung/Lebensraum:** Weitverbreitete Art von Europa bis Japan. Auf Kadavern, Säugerkot, faulenden Pflanzen und reifen Stinkmorcheln zu finden. **Lebensweise/Fortpflanzung:** Käfer und Larven treten gleichzeitig auf. Wegen ihrer Ernährungsweise sind sie nicht wesentlich an Jahreszeiten gebunden. Fauliger Geruch von Pflanzen, Aas, Kot und Pilzen lockt sie an. Die Stinkmorchel macht sich dies zunutze. Die Käfer frißt von dem Pilz und verbreitet zugleich dessen Sporen. Als Aasfresser erfüllen die Silphen im Kreislauf der Natur eine wichtige Rolle. Jugendstadien: Wie die erwachsenen Tiere leben auch die Larven von totem, organischen Material.

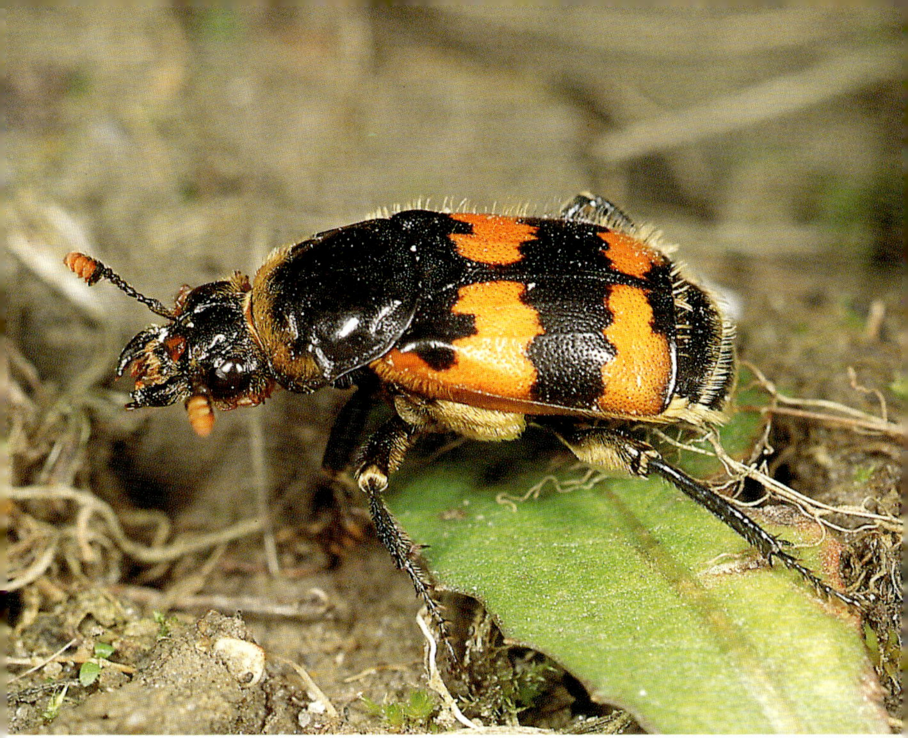
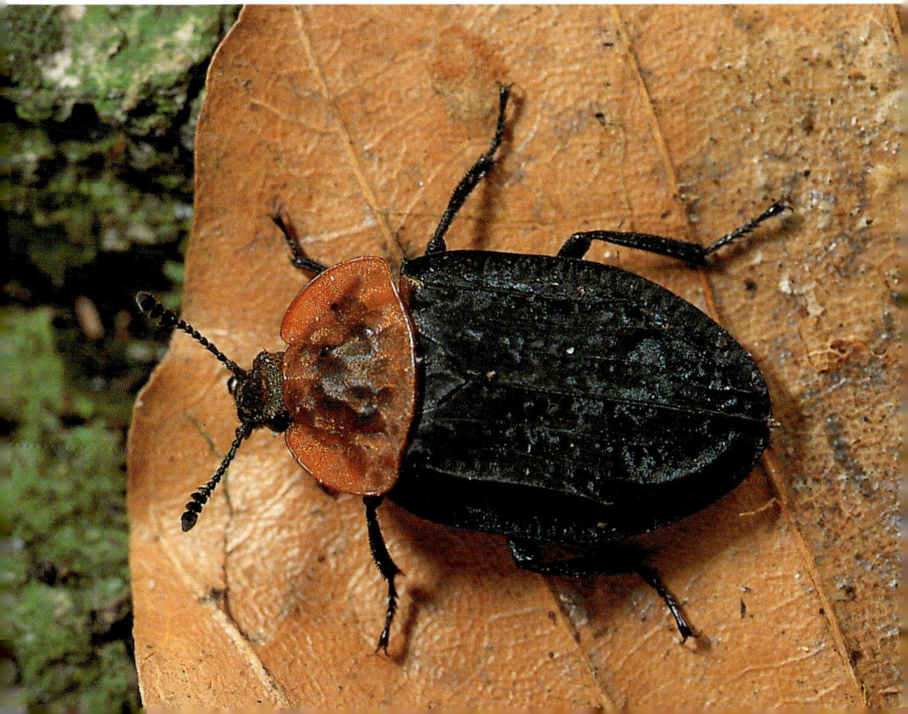

Rotflügeliger Moderkäfer

oben

Staphylinus caesareus (Fam. Kurzflügler/Staphylinidae)

Merkmale/ähnliche Arten: 17–22 mm. Schlanker, schwarzer Käfer. Die stark verkürzten Flügeldecken sind rot gefärbt. Wie bei allen Kurzflüglern bleibt der sehr bewegliche Hinterleib frei. Auf der Oberseite der Hinterleibssegmente sind deutlich messinggelbe Haarflecken zu erkennen. Beine und Basis der Fühler sind rotgelb. Es existieren einige ähnliche Arten der Gattung *Staphylinus,* die aber keine gelbe Behaarung auf dem Kopfschild tragen. **Verbreitung/Lebensraum:** Verbreitet in Mittel- und Nordeuropa bis Lappland. Vor allem in Wäldern bis in montane und subalpine Regionen. **Lebensweise/Fortpflanzung:** Die Käfer machen Jagd auf verschiedene Insektenlarven und ernähren sich vor allem von Fliegenmaden. Ihnen kommt große Bedeutung bei der Vernichtung von Schädlingen zu. Moderkäfer sind gute Flieger; mit Hilfe der Hinterbeine und des Hinterleibs breiten sie die gefalteten Flügel vor dem Flug aus. Der Hinterleib unterstützt auch das Einfalten unter die Flügeldecken. In Afternähe münden Wehrdrüsen, aus denen bei Gefahr ein Sekret abgespritzt wird. Durch Drohgebärden versuchen sie Feinde einzuschüchtern; dabei heben sie den Kopf, spreizen die Mandibeln und klappen den Hinterleib hoch. Das Weibchen legt die Eier einzeln ab. Jugendstadien: Die Larven leben ebenfalls räuberisch. Aus kurzen Erdröhren heraus überfallen sie ihre Beute. Nach dem dritten Larvenstadium verpuppen sie sich im Erdreich.

Schwarzer Moderkäfer

Mitte

Ocypus olens (Fam. Kurzflügler/Staphylinidae)

Merkmale/ähnliche Arten: 22–32 mm. Größte heimische Art. Die Käfer sind schwarz mit hellem Saum am 5. Hinterleibssegment. Der Halsschild ist kürzer als die Flügeldecken. **Verbreitung/Lebensraum:** Die Käfer kommen in ganz Europa vor. Sie leben bevorzugt in Wäldern. **Lebensweise/Fortpflanzung:** Während des Tages verbergen sich die Tiere oft unter Rinden oder Steinen und kommen erst abends hervor. Wie die meisten verwandten Arten ernähren sich die Käfer räuberisch. Unter vermoderten Bäumen suchen sie nach Kleintieren wie Schnecken und Insektenlarven. Mit den mächtigen Mandibeln können sie empfindlich beißen. Nach der Begattung legt das Weibchen die Eier einzeln ab. Jugendstadien: Die räuberischen Larven durchlaufen 3 Stadien und verpuppen sich anschließend im Boden. Im Gegensatz zu anderen Käferpuppen handelt es sich hier um eine Mumienpuppe, deren Fühler-, Flügel- und Beinscheiden fest am Körper anliegen.

Larve eines Kurzflüglers

unten

(Fam. Kurzflügler/Staphylinidae)

Merkmale: Schlanke, langgestreckte, sehr flinke und wendige Insekten mit vielfach kräftigen, oft gezähnten Kieferzangen. Sie ernähren sich teils räuberisch, teils von Moderstoffen.

Hirschkäfer

oben Männchen
gesch.

Lucanus cervus (Fam. Hirschkäfer/Lucanidae)

Merkmale/ähnliche Arten: Männchen 35–72 mm; Weibchen 30–45 mm. Unverwechselbare Art. Die Geschlechter unterscheiden sich erheblich. Beim Männchen ist der Oberkiefer (Mandibeln) geweihartig vergrößert, wobei die Größe in Abhängigkeit vom Futterangebot während der Larvenentwicklung stark schwankt. Der Oberkiefer der Weibchen ist kleiner aber kräftig. Flügeldecken und Mandibeln der Männchen sind rotbraun, Hals- und Kopfschild schwarzbraun gefärbt. Formen mit verkümmerten Mandibeln wurden als eigene Art bezeichnet. **Verbreitung/Lebensraum:** Verbreitet in Eichenwäldern Süd-, Mittel- und Westeuropas. Lokal in England, Klein- und Vorderasien anzutreffen. **Lebensweise/Fortpflanzung:** Die Käfer ernähren sich gerne von ausfließenden Baumsäften. Mit den kräftigen Mandibeln ritzt das Weibchen die Rinde von Eichen auf. Mit Duftstoffen lockt es Männchen an, die vorwiegend in der Abenddämmerung fliegen. Versammeln sich mehrere Männchen an der Futterstelle, versuchen sie die Konkurrenten mit Hilfe ihrer Mandibeln vom Baum zu stoßen. Das stärkste Männchen stellt sich über das Weibchen. So verharren sie oft mehrere Tage und verteidigen die Nahrungsstelle. Nach der Begattung legt das Weibchen die Eier in gefällte Bäume, am Fuße alter Bäume oder an Baumstümpfen ab. Jugendstadien: Die Larven leben bevorzugt in morschen Wurzeln, Eichenstämmen und -stümpfen. Sie fressen 5–8 Jahre und können bis zu 11 cm lang werden. Sie verpuppen sich in einer fast faustgroßen Puppenwiege.

Nashornkäfer

unten Männchen
gesch.

Oryctes nasicornis (Fam. Blatthornkäfer/Scarabaeidae)

Merkmale/ähnliche Arten: 20–40 mm. Der Käfer ist glänzend rot- bis schwarzbraun oder fast schwarz. Männchen und Weibchen unterscheiden sich erheblich. Das Männchen besitzt ein schwarzes, nach hinten gebogenes Kopfhorn. Der Halsschild ist vorne tief eingesenkt und trägt drei höckerartige Auswüchse. Das Weibchen besitzt am Kopf nur ein kleines Horn mit schwachen Vertiefungen im Halsschild. **Verbreitung/Lebensraum:** Verbreitet in Europa bis Mittelnorwegen, Mittelschweden und Finnland. Lebt in Holzabfällen und Sägespänen von Sägewerken. **Lebensweise/Fortpflanzung:** Bei dem Käfer handelt es sich um einen Kulturfolger, der ursprünglich im Wald lebte. Mist-.und Sägespanhaufen dienen nun als Lebensraum. Jugendstadien: Die Entwicklung kann mehrere Jahre dauern, dabei wird die Larve bis 11 cm lang. Sie verpuppt sich in einem Kokon aus Sägespänen und Lehm. Der Jungkäfer bleibt nach dem Schlüpfen noch 1–2 Monate im Kokon.

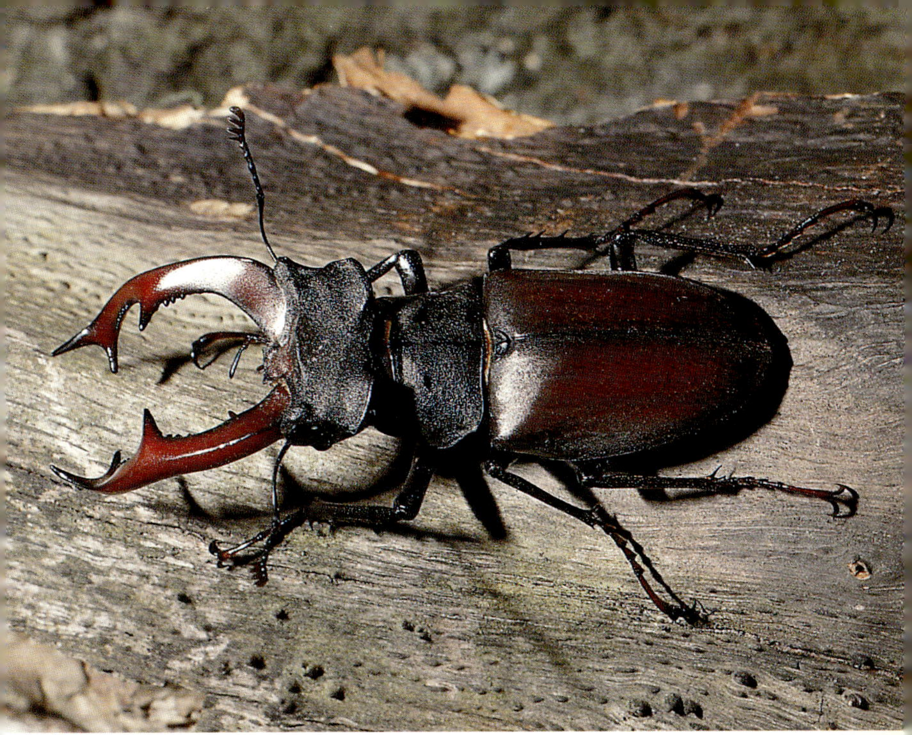

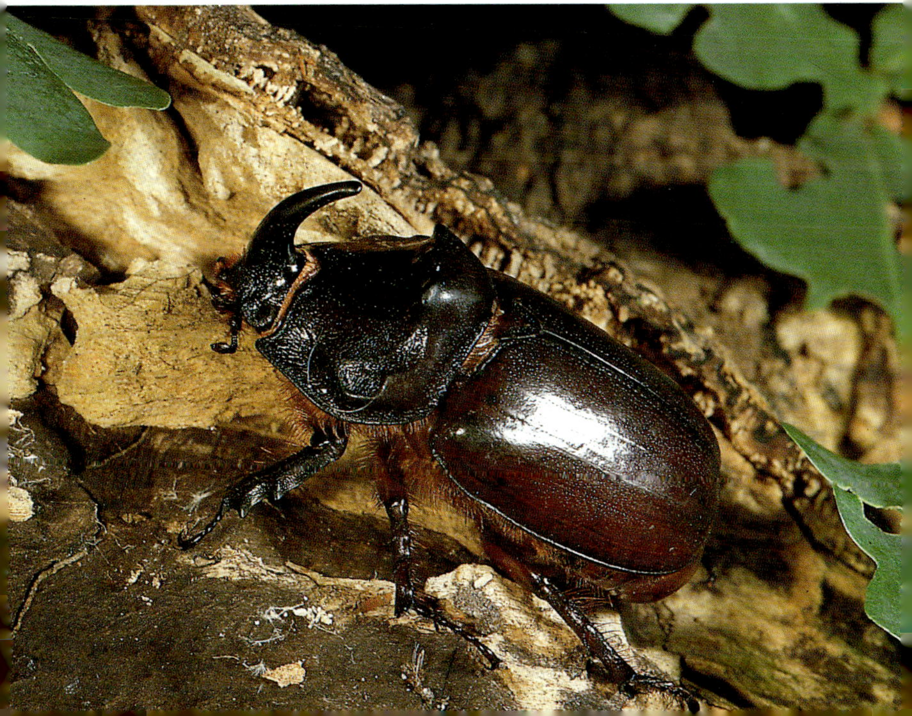

Stierkäfer

Typhoeus typhoeus (Fam. Blatthornkäfer/Scarabaeidae)

oben Männchen
gesch.

Merkmale/ähnliche Arten: 15–24 mm große schwarze Mistkäfer mit einer kleineren mittleren und zwei großen seitlichen hornartigen Verlängerungen des Brustpanzers bei den Männchen. Große Tiere tragen besonders lange Hörner. Bei den Weibchen sind die seitlichen Hörner nur angedeutet. **Verbreitung/Lebensraum:** In sandigen Heidegebieten und lichten Kiefernwäldern, in Mitteleuropa jedoch nur stellenweise und nirgends häufig. **Lebensweise/Fortpflanzung:** Die Weibchen graben bis 1,5 m lange Gänge in den Boden, von denen Seitengänge abzweigen. Dort wird der Kot von Kaninchen und anderen Pflanzenfressern gelagert; die Eier werden in einiger Entfernung davon abgelegt, so daß sich die Larven zum Kot vorarbeiten müssen.

Wald-Mistkäfer

Geotrupes stercorosus (Fam. Blatthornkäfer/Scarabaeidae)

unten

Merkmale/ähnliche Arten: 12–19 mm. Der Käfer ist blauschwarz gefärbt mit blau gesäumten Flügeldecken, auf denen je 7 Punktreihen verlaufen. Der Halsschild ist ganz gerandet und unregelmäßig gepunktet. Insgesamt ist der Körper stark gewölbt. **Verbreitung/Lebensraum:** Es handelt sich um eine weitverbreitete Art in Europa. Sie bewohnt Wälder von der Tiefebene bis in Höhenlagen von 2000 m. **Lebensweise/Fortpflanzung:** An windstillen Abenden fliegen die Käfer mit brummenden Ton dicht über dem Boden. Stark duftende Eiweißstoffe locken sie an. Nahe der Nahrungsquelle (Insekten, Pilze, Kot) lassen sie sich nieder. Im Frühjahr graben Männchen und Weibchen einen etwa 40 cm langen Hauptgang mit kürzeren Nebengängen. Diese werden mit Kot gefüllt, mit je einem Ei besetzt und mit Sand verschlossen. Jugendstadien: Die engerlingsartige Larve frißt den Kot, überwintert und frißt im nächsten Frühjahr die Dungreste. Sie verpuppt sich im Sommer. Nach dem Schlüpfen gräbt sich der Jungkäfer durch den Hauptgang nach außen.

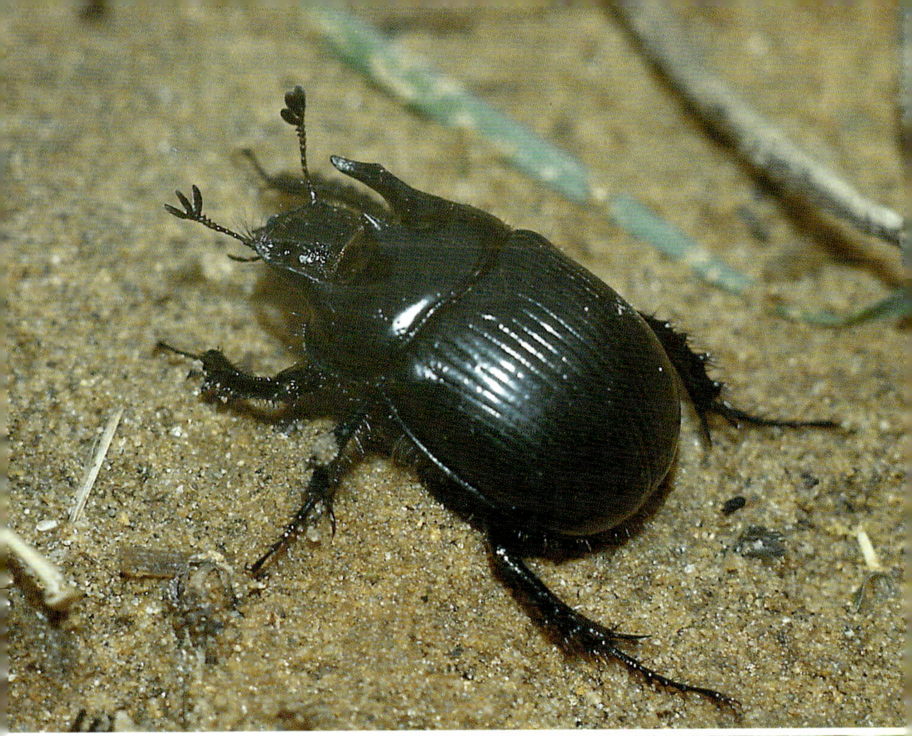

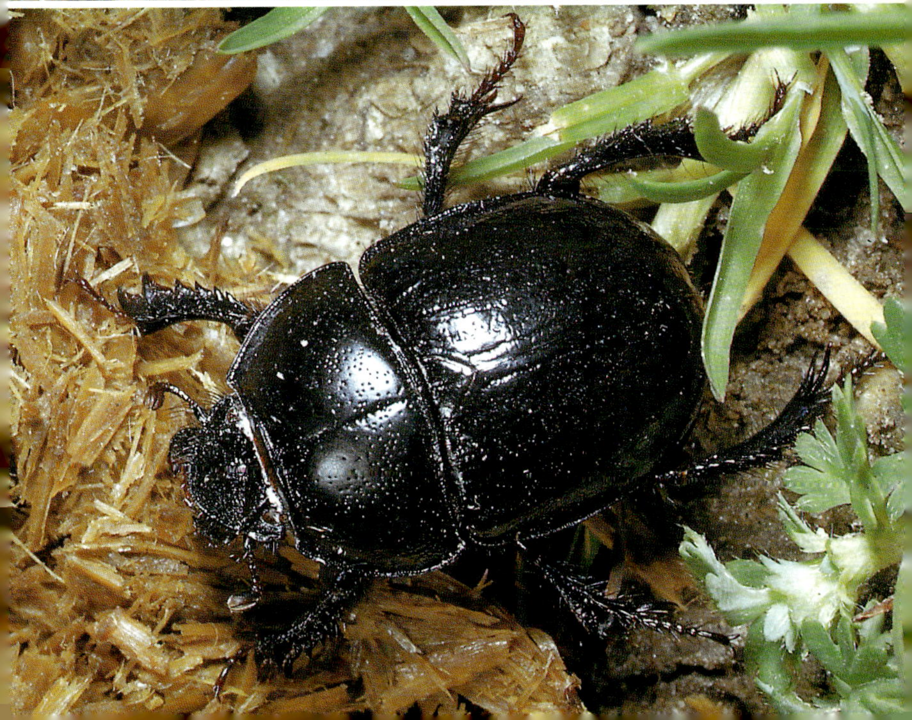

Rosenkäfer

oben
gesch.

Cetonia aurata (Fam. Blatthornkäfer/Scarabaeidae)

Merkmale/ähnliche Arten: 14–20 mm. Die Farbe der Käfer variiert stark von Grün bis Bronzebraun, von Blaugrün bis Blauviolett. Meistens sind sie leuchtend metallisch gefärbt mit einigen weißen Flecken oder Querlinien auf den Flügeldecken. Auf ihnen verlaufen breite flache Längsrippen. Der Halsschild ist an der Basis am breitesten, während es sich zum Kopfschild verjüngt. **Verbreitung/Lebensraum:** Sein Verbreitungsgebiet reicht über ganz Europa bis Mittelschweden und Finnland. Wie sein Name andeutet, ist er vor allem auf Blüten von Rosen, aber auch auf Obst, Holunder und Doldenblütlern anzutreffen. **Lebensweise/Fortpflanzung:** Der Käfer fliegt von April bis Oktober. Er ist sehr sonnenliebend. Beim Fliegen hebt er im Gegensatz zu allen anderen Käfern seine Flügeldecken nicht an. Dieses Flugverhalten wird durch eine schlitzförmige Aussparung an den Seiten der Flügeldecken ermöglicht, durch die die entfalteten Hinterflügel herausgestreckt werden. Jugendstadien: Die Larven der Rosenkäfer leben in morschem Holz, in Kompost und auch in Ameisenhaufen. Nach der Larvenentwicklung verpuppen sie sich in einem Kokon aus Holz und Lehm.

Gebänderter Pinselkäfer

unten

Trichius fasciatus (Fam. Blatthornkäfer/Scarabaeidae)

Merkmale/ähnliche Arten: Ein 9–12 mm langer Käfer mit auffallender und sehr variabler Schwarz-Gelb-Zeichnung der Deckflügel sowie wolliger Behaarung des ganzen Körpers. Zwei weitere Pinselkäfer sind in Mitteleuropa viel seltener. **Verbreitung/Lebensraum:** Bei uns im Bergland und Gebirge sowie im Vorland nicht selten. **Lebensweise/Fortpflanzung:** Die Käfer findet man im Juni/Juli auf Blüten, besonders von Mädesüß und Doldenblütlern. Jugendstadien: Die Larven ernähren sich von moderndem Laubholz.

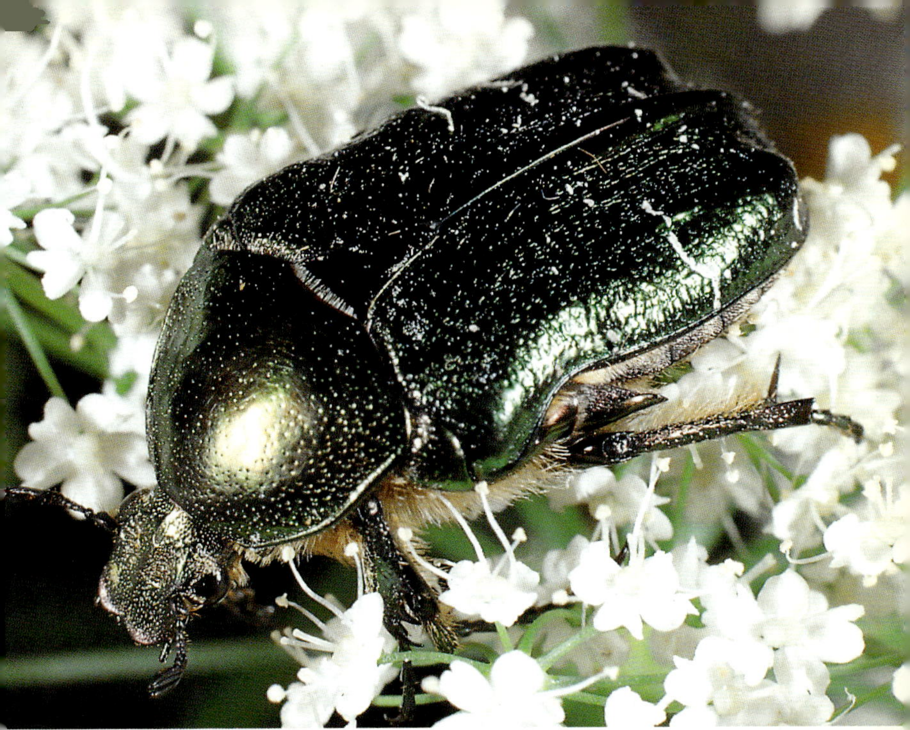

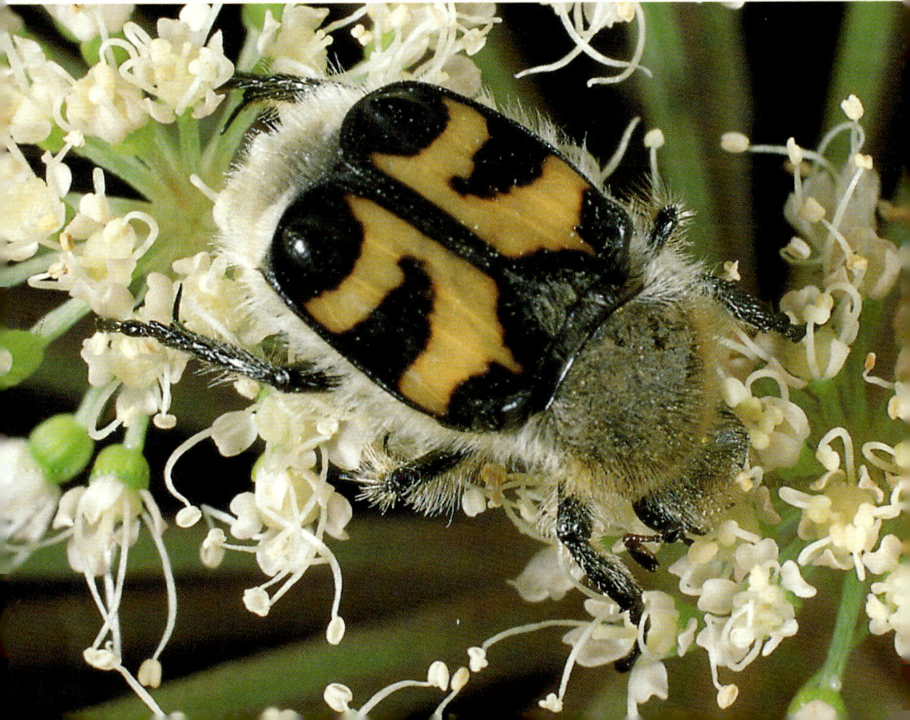

Maikäfer

oben und unten links Käfer, unten rechts Larve

Melolontha melolontha (Fam. Blatthornkäfer/Scarabaeidae)

Merkmale/ähnliche Arten: 20–30 mm. Die Farbe variiert sehr stark. Kopf-, Halsschild und Schildchen sind meist schwarz, während die Kopfvorderseite, Fühler, Beine und Flügeldecken rotbraun gefärbt sind. Auf den Flügeldecken verlaufen je 4 Längsrippen mit feiner Punktierung. Das letzte Hinterleibssegment ist zu einem stumpfen Fortsatz ausgezogen. Auffallend sind beim Männchen die Fühlerfächer mit 7 langen und die der Weibchen mit 6 kurzen Blättern. Ähnliche Arten sind *M. pectoralis* und *M. hippocastani*. Ersterem fehlt der Hinterleibsfortsatz. Bei *M. hippocastani* ist er knopfartig erweitert.

Verbreitung/Lebensraum: Der Käfer ist in Europa bis Dänemark, Mittelschweden und auf den Britischen Inseln heimisch, während er in Süditalien und Spanien fehlt. Wälder und Felder des Tieflandes bis auf 1000 m Höhe sind seine Lebensräume.

Lebensweise/Fortpflanzung: Die Käfer erscheinen im Mai. Maikäfer sind bedeutende Kulturschädlinge. Erwachsene Tiere verursachen bei Massenauftreten durch Kahlfraß an Laubbäumen, die Larven durch Wurzelfraß erhebliche Schäden. Sie fliegen in der Dämmerung bei einer Temperatur von etwa 20 °C. Zur Nahrungsaufnahme steuern sie Hügel und Baumgruppen an. Sie fressen bevorzugt die Blätter von Laubbäumen. Nach der Begattung gräbt sich das Weibchen etwa 20 cm in lockeren Boden ein und legt 60–80 Eier in Gelegen zu je 10–30 ab. Etwa $^2/_3$ der Tiere sterben nach der Eiablage, während die anderen Weibchen noch ein- bis zweimal zum Freßplatz zurückkehren.

<u>Jugendstadien:</u> 4–6 Wochen nach der Eiablage schlüpfen die Larven. Anfangs ernähren sie sich von Humus, mit fortschreitender Entwicklung von Pflanzenwurzeln. Je nach Feuchtigkeit und Frosttiefe wandern die Larven höher und tiefer im Boden. Sie fressen 4–5 Jahre, um sich dann in etwa 1,5 m Tiefe in einer Erdhöhle zu verpuppen. Nach 4–8 Monaten Puppenruhe schlüpft im Herbst der Jungkäfer und überwintert im Boden.

Junikäfer, Brachkäfer oben

Amphimallon solstitiale (Fam. Blatthornkäfer/Scarabaeidae)

Merkmale/ähnliche Arten: Der 14–18 mm große gelbbraune Junikäfer ist mit dem Maikäfer eng verwandt und wird daher auch Kleiner Maikäfer genannt. Halsschild und Basis der Flügel dicht behaart. Deckflügel mit 3 Rippen. Es gibt von dieser Gattung 7 ähnliche, in Mitteleuropa heimische Arten. **Verbreitung/Lebensraum:** Fast ganz Europa. Im Kulturland der Tiefebenen, im Gebirge nur ausnahmsweise. **Lebensweise/Fortpflanzung:** Fliegt in der Abenddämmerung. Die Weibchen legen 30–40 Eier in den Boden. Jugendstadien: Die Larven leben im Boden und brauchen 2 Jahre (im Norden 4 Jahre) für ihre Entwicklung.

Gartenlaubkäfer Mitte

Phylloperta horticola (Fam. Blatthornkäfer/Scarabaeidae)

Merkmale/ähnliche Arten: Ein 8,5–11 mm großer Käfer mit grün- bis schwarzmetallisch glänzendem Halsschild und hellbraunen Flügeln mit je 6 Punktreihen, Unterteile und Beine hell behaart. Einzige Art der Gattung bei uns. **Verbreitung/Lebensraum:** In ganz Mitteleuropa; Waldränder, Wiesen und Gärten bis ins Bergland. **Lebensweise/Fortpflanzung:** Die Käfer sind im Mai/Juni häufig (werden daher auch Junikäfer genannt) und fressen das Laub von Eichen, Birken und Hasel sowie Blüten, vor allem von Rosengewächsen; sie richten aber kaum Schaden an. Jugendstadien: Die Larven leben im Boden von feinen Wurzeln. Die Larvenzeit dauert 2–3 Jahre.

Metallischer Julikäfer unten

Anomalla dubia (Fam. Blatthornkäfer/Scarabaeidae)

Merkmale/ähnliche Arten: Ähnlich voriger Art, aber größer (12–15 mm). Färbung recht variabel; Flügel gelb bis braun mit je 10 Punktreihen. Eine weitere Art der gleichen Gattung ist seltener. **Verbreitung/Lebensraum:** In ganz Mitteleuropa, vor allem in sandigen Gebieten. **Lebensweise/Fortpflanzung:** Die Käfer fliegen von Mai bis August, besonders abends. Weiden (im Süden) und Birken (im Norden) gehören neben anderen Laubbäumen zu den bevorzugten Futterpflanzen. Jugendstadien: Die von Wurzeln lebenden Larven benötigen für ihre Entwicklung 2 Jahre.

Rotgelber Weichkäfer

oben

Rhagonycha fulva (Fam. Weichkäfer/Cantharidae)

Merkmale/ähnliche Arten: Die Familie der Weichkäfer ist mit etwas über 100 Arten in Mitteleuropa vertreten. Deckflügel und andere Körperteile sind nicht so hart wie bei anderen Käfern. Wegen ihrer Färbung werden sie auch Soldatenkäfer genannt. Im Sommer findet man sie oft in Mengen auf Büschen und Blüten. Unsere Art wird 7–11 mm groß und ist gelbrot mit dunkleren Flügelspitzen. In Mitteleuropa leben 17 Arten der gleichen Gattung, die nur schwer zu unterscheiden sind. **Verbreitung/Lebensraum:** Ganz Mitteleuropa; Wiesen, Buschland, Waldränder, Getreidefelder. **Lebensweise/ Fortpflanzung:** Von Ende Juni bis August der häufigste Weichkäfer, oft in großer Zahl auf Doldenblüten, wo sie anderen Insekten auflauern, Nektar lecken und sich paaren. Jugendstadien: Die Larven aller Weichkäfer sind samtartig behaart, kriechen aktiv umher und leben hauptsächlich von Insektenlarven und Schnecken. Manchmal auch im Winter aktiv (»Schneewürmer«).

Gewöhnlicher Weichkäfer

Mitte

Cantharis fusca (Fam. Weichkäfer/Cantharidae)

Merkmale/ähnliche Arten: 11–15 mm, schwarz mit Rotgelb. Flügeldecken dicht anliegend behaart. Über 30 oft sehr ähnliche Arten der gleichen Gattung. **Verbreitung/Lebensraum:** In fast ganz Europa verbreitet; bei uns sehr häufig, vor allem Waldränder, Wiesen, Getreidefelder. **Lebensweise/Fortpflanzung:** Man trifft die Käfer (oft in Paarung) von Mai bis Juni auf Gräsern, in Getreide und auf Büschen. Jugendstadien: Siehe vorige Art.

Eichen-Weichkäfer

unten

Cantharis obscura (Fam. Weichkäfer/Cantharidae)

Merkmale/ähnliche Arten: Ähnlich voriger Art (12–15 mm), aber Halsschild nur seitlich gelb. Mit einer Reihe ähnlicher Arten zu verwechseln, z. B. mit *C. liburnica* und *C. paradoxa*. **Verbreitung/Lebensraum:** Weit verbreitet und nicht selten, vor allem in lockeren Misch- und Eichenwäldern. **Lebensweise/Fortpflanzung:** Die Käfer ernähren sich von Blattläusen und anderen Insekten(larven), aber auch von (Eichen-)trieben und Blüten, ohne großen Schaden anzurichten. Jugendstadien: Die Larven entwickeln sich innerhalb eines Jahres und ernähren sich von Kleinlebewesen des Bodens.

Leuchtkäfer
(Fam. Glühwürmchen/Lampyridae)

oben Weibchen, Mitte links leuchtend,
rechts Männchen

Merkmale/ähnliche Arten: In Mitteleuropa 3 düster-bräunliche Arten. Die geflügelten Männchen des <u>Großen Leuchtkäfers</u> *(Lampyris noctiluca)* werden 10–12 mm groß, ihre ungeflügelten, schwarz- bis rotbraunen Weibchen mit gelblichen Segmentkanten und oft heller Mittellinie (Foto oben und Mitte links) 15–20 mm. Auf der Unterseite des Hinterleibs befinden sich zwei Leuchtplatten und zwei Leuchtpunkte. Die Männchen besitzen nur auf der Unterseite des Hinterleibs zwei kleine Leuchtpunkte. Sie sind braun bis schwärzlich gefärbt und flugfähig. Das häufigere und etwas kleinere (beide Geschlechter 8–10 mm) <u>Gewöhnliche Glühwürmchen</u> oder <u>Kleine Johanniswürmchen</u> *(Lamprohiza splendidula)* besitzt im männlichen Geschlecht zwei voneinander getrennte glasklare Zonen im Halsschild über den Augen (Foto Mitte rechts). Die flügellosen Weibchen sind gelbbraun und wirken wie Larven. Die noch kleineren Männchen von *Phosphaenus hemipterus* (6–8 mm) haben reduzierte Flügel. **Verbreitung/Lebensraum:** Die Käfer sind in Europa weit verbreitet. Waldränder, Parks, Hochstaudenfluren und Wiesen sind ihre Lebensräume. **Lebensweise/Fortpflanzung:** An warmen Abenden fliegen die Männchen von Juni bis September. Mit Hilfe der Leuchtorgane locken die Weibchen die Männchen an. Während ihres kurzen Imaginallebens nehmen sie keine Nahrung auf. <u>Jugendstadien:</u> Die räuberischen Larven ernähren sich vorwiegend von Schnecken. Sie durchlaufen 5 Entwicklungsstufen, überwintern und verpuppen sich im Frühjahr.

Schwarzer Ölkäfer, Maiwurm
unten

Meloe proscarabaeus (Fam. Ölkäfer/Meloidae)

Merkmale/ähnliche Arten: Die Familie der Öl- oder Blasenkäfer ist in Europa mit etwa 140 Arten vertreten. Ein grünlich schimmernder, in Südeuropa häufiger, bei uns nur gelegentlich in Mengen auftretender Ölkäfer ist die als Aphrodisiakum früher berühmte»Spanische Fliege«, aus der man auch blasenziehende Pflaster zubereitet hat; sie enthält das starke Gift Cantharidin, das bereits in geringsten Dosen für den Menschen tödlich ist, von verschiedenen Insektenfressern aber problemlos vertragen wird. Unsere Art wird 10–32 mm groß und ist schwarz mit blauviolettem Schimmer. Die flugunfähigen Weibchen findet man im Frühling an grasigen Hängen (»Maiwurm«). Sie haben einen dicken, langen Hinterleib, der die kurzen Deckflügel weit überragt. Einige Fühlerglieder sind besonders beim Männchen merkwürdig verformt. **Verbreitung/Lebensraum:** Wie alle Ölkäfer bevorzugen sie trockenwarme Plätze, Südhänge und sonnige Waldränder, vor allem im Bergvorland, in Südeuropa auch im Gebirge. **Lebensweise/Fortpflanzung:** Ölkäfer sind Vegetarier, die von Blättern, Pollen und Nektar leben. Die Weibchen produzieren bis zu 4000 Eier. <u>Jugendstadien:</u> Alle Ölkäferlarven leben parasitisch. Die winzigen Larven des ersten Stadiums klammern sich mit ihren dreiklauigen Füßen im Pelz von solitären Bienen an und lassen sich in deren Nest verschleppen. Dort fressen sie zunächst das Bienenei, später als fußlose Made den Vorrat an Pollen und Honig.

Blutroter Schnellkäfer

oben

Ampedus sanguineus (Fam. Schnellkäfer/Elateridae)

Merkmale/ähnliche Arten: Die Familie ist in Mitteleuropa mit etwa 170 Arten vertreten. Typisch ist ein Sprungmechanismus zwischen Vorder- und Mittelbrust, mit dem sich die Käfer aus der Rückenlage befreien können. Bei Gefahr stellen sie sich tot. Unsere Art wird 12–17 mm groß und fällt durch ihre roten Flügel auf. Viele ähnliche Arten. **Verbreitung/Lebensraum:** Fast ganz Europa; Misch- und Kiefernwälder. **Lebensweise/Fortpflanzung:** Die Käfer schlüpfen im August, sterben aber erst im Juli des nächsten Jahres nach Paarung und Eiablage. Jugendstadien: Die Larven leben im Mulm von Baumstubben.

Rotbauchiger Laub-Schnellkäfer

Mitte

Athous haemorrhoidalis (Fam. Schnellkäfer/Elateridae)

Merkmale/ähnliche Arten: 9–15 mm. Ein schlanker Käfer mit braunen Flügeln und schwarzem Vorderkörper, oberseits anliegend hell behaart. Halsschild beim Männchen länger als breit, beim Weibchen mehr rundlich. 14 ähnliche Arten in Mitteleuropa. **Verbreitung/Lebensraum:** In Europa weit verbreitet und sehr häufig in Wiesen, Wäldern und Gärten; man findet die Käfer meist auf Büschen und Bäumen. **Lebensweise/Fortpflanzung:** Die Weibchen legen ihre Eier flach in den Boden an die Wurzeln der Larvennahrungspflanzen. Jugendstadien: Mehrjährige Entwicklung. Bei zahlreichem Auftreten können die Tiere schädlich werden. Die frisch geschlüpften Käfer überwintern.

Larve eines Schnellkäfers

unten links

(Fam. Schnellkäfer/Elateridae)

Merkmale/ähnliche Arten: Schnellkäferlarven sehen den »Mehlwürmern« (S. 134) ähnlich und werden als bodenlebende Arten als »Drahtwürmer« bezeichnet, die teils nützlich teils schädlich sind.

Gewöhnlicher Holzwurm, Totenuhr

unten rechts

Anobium punctatum (Fam. Pochkäfer/Anobiidae)

Merkmale/ähnliche Arten: Nur 3–5 mm große, braune bis schwarze Käfer. **Verbreitung/Lebensraum:** Ganz Europa; im Freien in morschen Bäumen, häufiger in Gebäuden. **Lebensweise/Fortpflanzung:** Das tickende Geräusch (daher der Name Totenuhr) erzeugen die Käfer, indem sie mit dem Kopf auf die Unterlage schlagen – wohl ein Balzverhalten. Jugendstadien: Die »Holzwürmer« können in altem Bauholz und in Möbeln großen Schaden machen. Holzverdauung durch symbiontische Bakterien im Darm.

Zierlicher Prachtkäfer

oben Weibchen
gesch.

Anthaxia nitidula (Fam. Prachtkäfer/Buprestidae)

Merkmale/ähnliche Arten: Die Prachtkäfer sind in Mitteleuropa mit etwa 120 Arten vertreten, wobei die Artenvielfalt der wärmeliebenden Gruppe nach Norden stark abnimmt. Der Artenschwund in neuerer Zeit dürfte auch mit dem Mangel an Totholz in den Wäldern zu tun haben. Die Männchen unserer Art (5–8 mm) sind einheitlich goldgrün, die Weibchen haben einen messingfarbenen Halsschild und blaugrüne Flügel. **Verbreitung/Lebensraum:** Fehlt im Nordwesten, im Süden inselartig. Waldränder, Feldgehölze, Obstgärten. **Lebensweise/Fortpflanzung:** Von Mai bis August auf (Dolden-)Blüten. Jugendstadien: Die beinlosen Larven leben unter der Rinde morscher Obstbäume und Schlehen.

Achtfleckiger Prachtkäfer

Mitte
gesch., RL 3

Buprestis octoguttata (Fam. Prachtkäfer/Buprestidae)

Merkmale/ähnliche Arten: 9–18 mm; metallisch blau, mit gelben Flecken an Halsschildseiten und 4 auf jedem Flügel. **Verbreitung/Lebensraum:** Eine seltene, von Osten nach Westen abnehmende Art; Latschenhochmoore, Kiefernheiden. **Lebensweise/Fortpflanzung:** Man findet die Käfer von Mai bis August in der Sonne auf gefällten Kiefernstämmen und Wurzeln. Jugendstadien: Larven leben in totem Kiefernholz.

Zweifleckiger Prachtkäfer

unten Männchen

Agrilus biguttatus (Fam. Prachtkäfer/Buprestidae)

Merkmale/ähnliche Arten: 8–13 mm lange, sehr schlanke, goldgrüne bis blaue Käfer mit 2 charakteristischen weißen Haarflecken im hinteren Teil der Deckflügel. Männchen einfarbig, Weibchen mit hellerem Halsschild. Aus der Gattung *Agrilus* gibt es in Mitteleuropa etwa 40 meist kleinere Arten. **Verbreitung/Lebensraum:** In Nordwesteuropa sehr selten, sonst verbreitet. **Lebensweise/Fortpflanzung:** Von Mai bis Juli bevorzugt auf Eichen. Jugendstadien: Larven in der Rinde abgestorbener Eichenäste.

Siebenpunkt
oben links Larve, rechts Käfer

Coccinella septempunctata (Fam. Marienkäfer/Coccinellidae)

Merkmale/ähnliche Arten: Die rundlichen Marienkäfer (1–9 mm) sind in Mitteleuropa mit gut 100 Arten vertreten. Viele tragen kontrastierende Farbflecken, bei manchen Arten variiert die Färbung stark. Der Siebenpunkt (5–8 mm) ist bei uns eine der häufigsten Arten. **Verbreitung/Lebensraum:** In ganz Europa häufig; überall in der Kulturlandschaft. **Lebensweise/Fortpflanzung:** Käfer und Larven ernähren sich von Blattläusen.

Doppelbuchtiger Marienkäfer
Mitte links

Calvia quatuordecimguttata (Fam. Marienkäfer/Coccinellidae)

Merkmale/ähnliche Arten: 4–6 mm; hell braunrot, mit gelblichweißen runden Flecken (je 7 auf den Flügeln). **Verbreitung/Lebensraum:** Gemäßigtes Europa bis hoch in den Norden; Waldränder und Wiesen. **Lebensweise/Fortpflanzung:** Ernährung wie vorige Art. Käfer überwintern in der Streu.

Zweiundzwanzigpunkt
Mitte rechts

Thea vigintiduopunctata (Fam. Marienkäfer/Coccinellidae)

Merkmale/ähnliche Arten: 3–5 mm; zitronengelb, mit schwarzen runden Punkten (11 auf jedem Flügel). **Verbreitung/Lebensraum:** In ganz Europa; Laubwälder (Eiche); Gärten, etwas wärmeliebend. **Lebensweise/Fortpflanzung:** Larven und Käfer fressen Mehltau, letztere überwintern in Bodenstreu oder altem Gras.

Vierzehnpunktiger Marienkäfer
unten links

Propylaea quatuordecimpunctata (Fam. Marienkäfer/Coccinellidae)

Merkmale/ähnliche Arten: 3–5 mm; sehr variable schwarze Flecken auf gelbem Grund. Wird leicht mit der rötlicheren Art *Synharmonia conglobata* verwechselt. **Verbreitung/Lebensraum:** Ganz Europa, in Mitteleuropa sehr häufig; Laubwälder, Wiesen, Felder. **Lebensweise/Fortpflanzung:** Blattlausfresser; Überwinterung in der Streu.

Augenfleckiger Marienkäfer
unten rechts

Anatis ocellata (Fam. Marienkäfer/Coccinellidae)

Merkmale/ähnliche Arten: 8–9 mm; auf jedem Flügel 10 schwarze, gelbweiß gesäumte Flecken. Durch Größe und Färbung unverwechselbar. **Verbreitung/Lebensraum:** Hauptsächlich Fichtenwälder. **Lebensweise/Fortpflanzung:** Frißt Fichtenblattläuse u. ä.

Mehlkäfer

oben Käfer, Mitte Larve

Tenebrio molitor (Fam. Schwarzkäfer/Tenebrionidae)

Merkmale/ähnliche Arten: 12–18 mm. Der längliche Käfer ist braun bis schwarz glänzend. Auf den Flügeldecken verlaufen feine Punktstreifen, auch der Halsschild ist fein und gleichmäßig punktiert. Der Halsschild ist breiter als lang. Die Glieder der kurzen Fühler sind leicht verdickt. Fühler und Beine sind rotbraun. Dem Mehlkäfer sehr ähnliche Arten sind *T. obscurus* und *T. opacus*. **Verbreitung/Lebensraum:** Eine sehr weit verbreitete Art, die man in Europa vom Süden bis zum Polarkreis antrifft. In freier Natur leben die Tiere vor allem im Mulm alter Bäume und in Vogelnestern. Als Kulturfolger ist der Mehlkäfer mit seinen Larven häufig in Mehl und Mehlprodukten zu finden. **Lebensweise/Fortpflanzung:** Die Käfer sind hauptsächlich nachtaktiv, fliegen dann oft ans Licht. Käfer und Larve ernähren sich von Holzmulm, Getreide, Mehl und Mehlerzeugnissen. Jugendstadien: Die gelbbraunen Larven des Mehlkäfers sind die bekannten »Mehlwürmer«, die als Fisch- und Vogelfutter gezüchtet werden. Sie sind langgestreckt und besitzen eine harte Haut. Bei geeigneten Temperaturen sind mehrere Generationen im Jahr möglich.

Scharlachroter Feuerkäfer

unten

Pyrochroa coccinea (Fam. Feuerkäfer/Pyrochroidae)

Merkmale/ähnliche Arten: Ein 14–18 mm großer roter Käfer mit schwarzem Kopf und schwarzen Extremitäten. Aus der gleichen Familie gibt es in Mitteleuropa nur noch zwei weitere Arten. **Verbreitung/Lebensraum:** In ganz Mitteleuropa, in Eichen- und anderen Laubwäldern, stellenweise häufig. **Lebensweise/Fortpflanzung:** Man trifft die Käfer im Mai/Juni auf Blüten, Laub und gefällten Stämmen. Sie ernähren sich von Nektar, Pollen und Pflanzensäften. Jugendstadien: Die Larven leben unter der Rinde abgestorbener Laubbäume, wo sie Jagd auf Insekten und deren Larven machen (Forstnützling). Wenn nicht genügend andere Insekten vorhanden sind, gehen die Feuerkäferlarven zum Kannibalismus über.

Gefleckter Schmalbock · oben
Strangalia maculata (Fam. Bockkäfer/Cerambycidae)

Merkmale/ähnliche Arten: Die Familie der Bockkäfer, mit denen wir es auf den nächsten 3 Doppelseiten zu tun haben, weist weltweit etwa 27 000 Arten auf, darunter der größte Käfer, ein tropischer Bock, der bis 20 cm lang wird. In Mitteleuropa etwa 250 Arten. Ihre langen, in der Ruhe oft nach hinten getragenen Fühler haben ihnen den deutschen Namen eingebracht. Da die Larven der Bockkäfer vielfach vom morschen Holz alter Bäume leben, leiden sie sehr unter der modernen Forstwirtschaft. Unsere Art ist 14–20 mm lang, sehr schmal (Name), mit sehr variabler Gelb-Schwarz-Zeichnung. **Verbreitung/Lebensraum:** In ganz Mitteleuropa eine der häufigsten Bockarten; Laubwälder bis ins Gebirge. **Lebensweise/Fortpflanzung:** Käfer auf Blüten (Blütenbock). Jugendstadien: Larven in morschen Laubbäumen.

Roter Blumenbock, Rothalsbock · unten Männchen
Leptura rubra (Fam. Bockkäfer/Cerambycidae)

Merkmale/ähnliche Arten: Die kleineren Männchen dieser Art (8–10 mm) besitzen einen schwarzen Halsschild und gelbbraune Flügel, bei den Weibchen sind Halsschild und Flügel ziegelrot bis rotbraun. Es gibt in Mitteleuropa nahezu 20 schwer unterscheidbare Arten. **Verbreitung/Lebensraum:** In ganz Mitteleuropa verbreitet und stellenweise (besonders im Bergland) sehr häufig. Waldlichtungen und waldnahe Wiesen. **Lebensweise/Fortpflanzung:** Auch die Arten der Gattung *Leptura* werden zu den Blütenböcken gezählt, da man die Käfer von Juni bis September bevorzugt auf Doldenblüten antrifft. Jugendstadien: Die Larven leben in alten Stubben und verrottenden Wurzeln von Nadelbäumen und tragen damit zur Zersetzung bei.

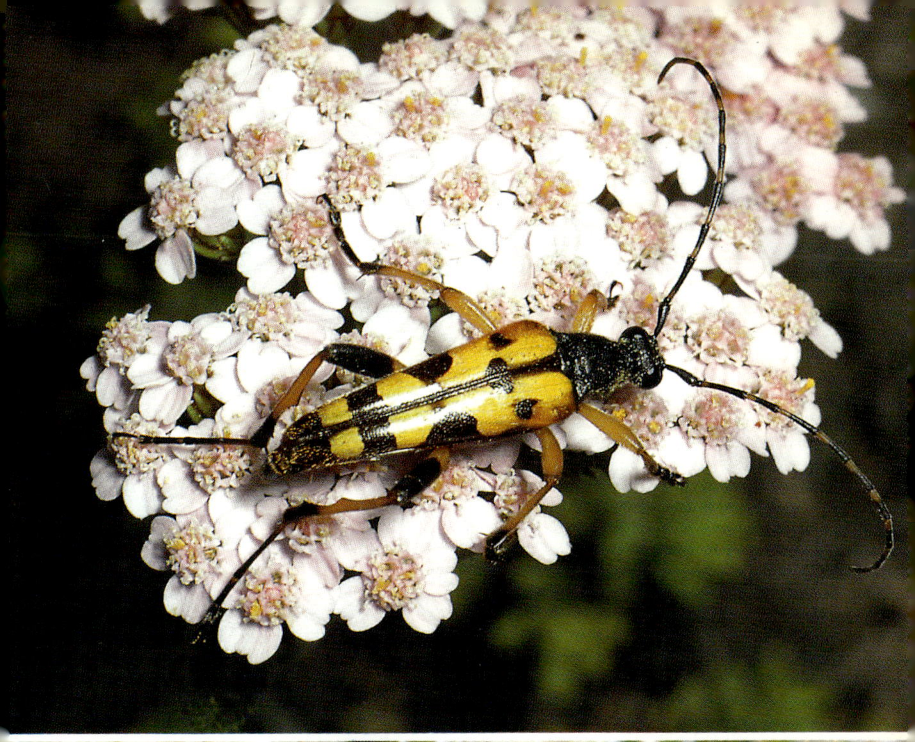

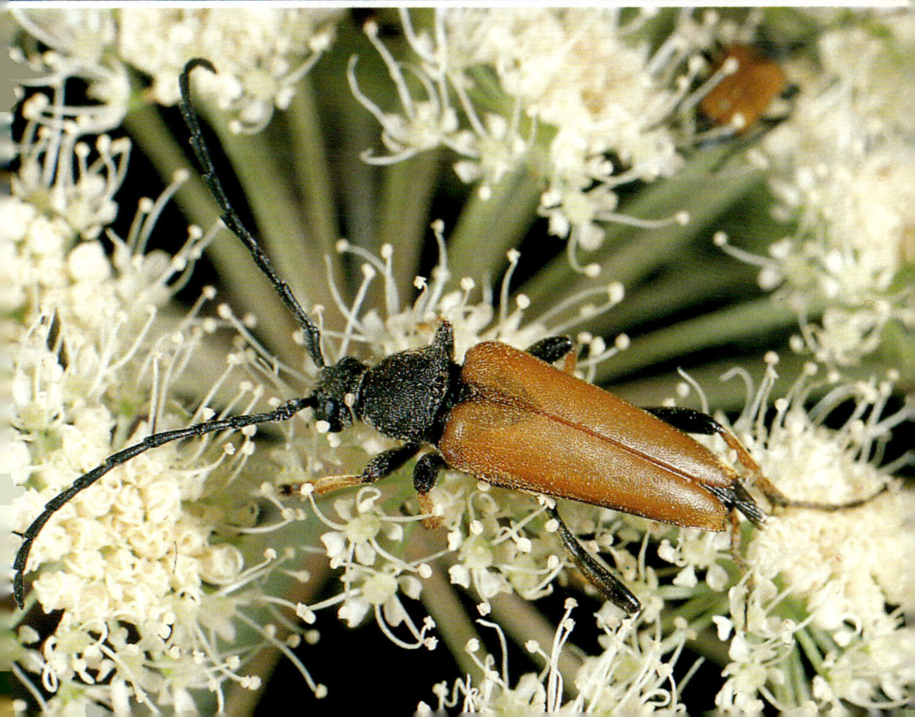

Schulterbock

oben Weibchen

Toxotus cursor (Fam. Bockkäfer/Cerambycidae)

Merkmale/ähnliche Arten: Mit 15–30 mm Länge ein stattlichr Bockkäfer. Die Färbung schwankt sehr. In der Regel sind die Männchen schwarz, während die Weibchen rotbraune Längsstreifen auf den Flügeln tragen; es treten aber auch schwarze Weibchen auf. **Verbreitung/Lebensraum:** In Europa von den Pyrenäen bis in den hohen Norden, fehlt aber in England. Fichtenwälder des Bergvorlands und des Gebirges. **Lebensweise/Fortpflanzung:** Zwischen Mai und August findet man die Käfer an sonnigen Tagen auf Blüten und Baumstümpfen. **Jugendstadien:** Die Larven entwickeln sich im toten Holz von Fichten, seltener von anderen Baumarten.

Großer Eichenbock, Heldbock

unten

Cerambyx cerdo (Fam. Bockkäfer/Cerambycidae)

gesch., RL 1

Merkmale/ähnliche Arten: Mit 25–53 mm Körperlänge einer unserer größten Käfer. Die Tiere sind schwarzbraun, hinten rotbraun. Die Fühler der Männchen sind doppelt so lang wie der Körper, die der Weibchen körperlang. Ähnlich große Arten kommen nur im Südosten Mitteleuropas vor. **Verbreitung/Lebensraum:** Früher in ganz Europa, heute nur noch in Südosteuropa in größerer Zahl zu finden. Eichenwälder, Parks mit alten Eichen. **Lebensweise/Fortpflanzung:** Die Käfer fliegen besonders abends und nachts von Mai bis Juli und suchen blutende Bäume (Eichen) auf, deren Saft sie lecken. Die Weibchen legen ihre Eier bevorzugt in Rindenspalten alter, alleinstehender Eichen ab, steltener auch auf Buchen, Ulmen und anderen Laubbäumen. Jugendstadien: Die Larven fressen sich im 1. Jahr in die Rinde ein und überwintern hier. Im 2. Jahr nagen sie im Splint und dringen im 3. Jahr ins Kernholz vor. Sie werden 9–10 cm lang. Insgesamt dauert die Entwicklung 3–5 Jahre. Da entsprechende Nahrungsbäume immer mehr verschwinden, ist die Art vom Aussterben bedroht.

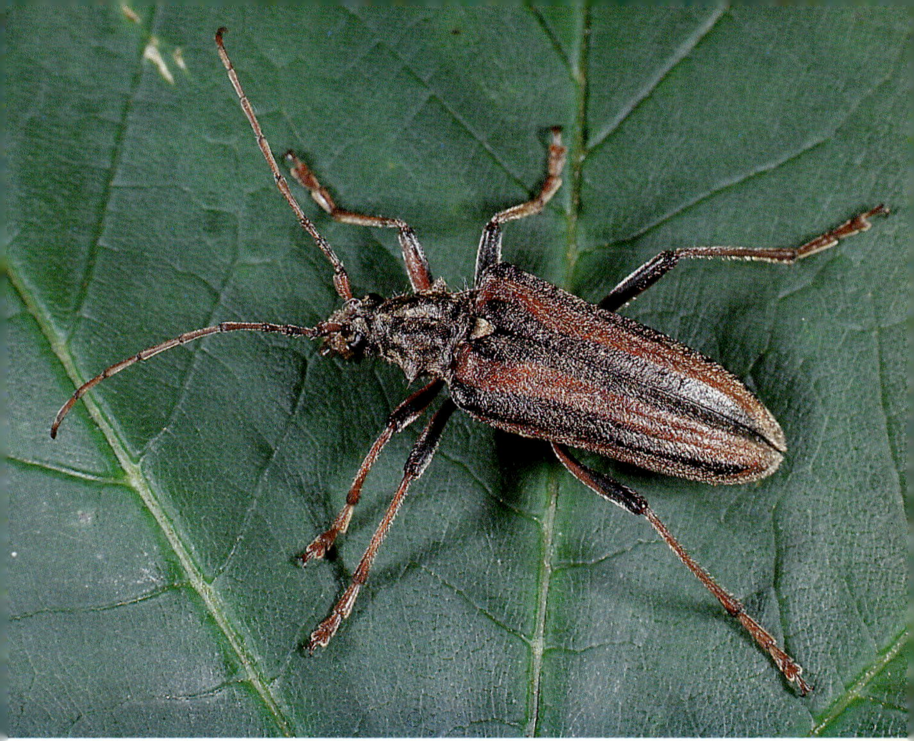

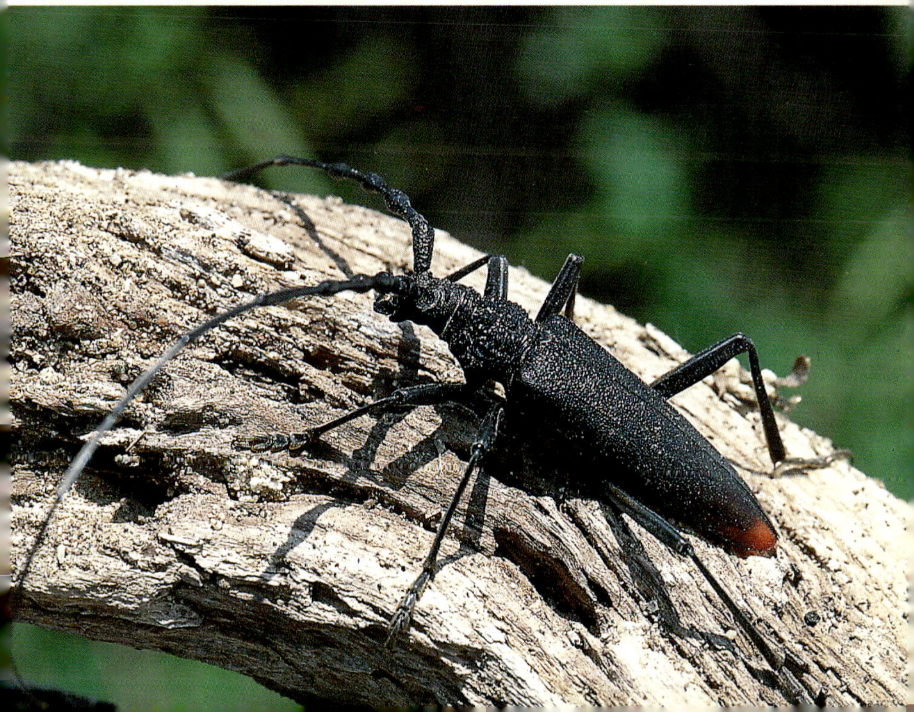

Moschusbock
Aromia moschata (Fam. Bockkäfer/Cerambycidae)

oben
gesch.

Merkmale/ähnliche Arten: Ein schlanker, 22–34 mm großer Käfer von metallisch goldgrüner, blauer, violetter oder schwarzer Färbung. Die Tiere verströmen bei Störung einen durchdringenden Moschusgeruch. Keine ähnlichen Arten. **Verbreitung/Lebensraum:** Ganz Mitteleuropa; Auwälder mit Weichholzarten, alte (Kopf-)Weiden an Bächen, Waldränder, bis ins Bergland. Leidet unter dem Verschwinden alter Weiden, Pappeln und Erlen. **Lebensweise/ Fortpflanzung:** Die Käfer findet man vor allem von Juni bis August auf Blüten oder am Saft von Bäumen (Birken, Ahorn u. a.). Jugendstadien: Die Larven machen eine mehrjährige Entwicklung im Holz alter Weiden (manchmal auch Pappeln und Erlen) durch. Bei starkem Befall können die Bäume nach einigen Jahren absterben.

Großer Pappelbock
Saperda carcharias (Fam. Bockkäfer/Cerambycidae)

Mitte

Merkmale/ähnliche Arten: 20–30 mm groß, kräftig gebaut, gelblich, auch grau behaart, dunkel gekörnt. 7 ähnliche Arten in Mitteleuropa. **Verbreitung/Lebensraum:** In Europa bis Skandinavien, in England selten. Pappel- und Espenbestände des Tieflands und des niedrigen Berglands. **Lebensweise/Fortpflanzung:** Käfer von Juli bis September an Pappeln, wo sie Löcher in die Blätter fressen. Die Weibchen legen im Herbst ihre Eier an junge Pappeln und Espen. Jugendstadien: Die Larven fressen im 1. Jahr unter der Rinde, im 2. Jahr im Holz, wo sie sich in einem etwa 20 cm langen Gang verpuppen.

Hausbock
Hylotrupes bajulus (Fam. Bockkäfer/Cerambycidae)

unten

Merkmale/ähnliche Arten: Ein 7–21 mm langer, flacher, schwarzbrauner Käfer mit fein grauweiß behaarten Flügeln; Weibchen mit Legröhre. **Verbreitung/Lebensraum:** Nahezu weltweit verbreitet, meist als Kulturfolger. **Lebensweise/Fortpflanzung:** Die beinlosen Larven entwickeln sich in trockenem (verarbeiteten) Nadelholz, speziell in Dachbalken, und zählen zu den gefürchteten Schädlingen. Ihre Fraßgänge liegen meist dicht unter der Oberfläche. Die Entwicklung dauert 2 Jahre, bei sehr trockenem Holz bis 10 Jahre. Die Käfer treten von Mai bis September auf. Seit Einführung von Holzschutzmitteln geht die Art stark zurück. (Vgl. auch Holzwurm, S. 128).

Kartoffelkäfer

oben Käfer, Mitte Larven

Leptinotarsa decemlineata (Fam. Blattkäfer/Chrysomelidae)

Merkmale/ähnliche Arten: Von der Familie der Blattkäfer (diese und nächste Doppelseite) sind weltweit etwa 35 000 Arten bekannt, die Zahl der wissenschaftlich noch nicht erfaßten Arten schätzt man auf weitere 15 000. In Mitteleuropa gibt es über 500 Arten dieser meist rundlichen und oft sehr farbigen Käfer. Der bekannte Kartoffelkäfer ist etwa 10 mm groß, trägt auf jedem seiner gelben Flügel 5 schwarze Längsstreifen und schwarze Punkte auf dem Halsschild. Nicht zu verwechseln. **Verbreitung/Lebensraum:** Ursprünglich nur in Nordamerika (Coloradokäfer), heute weltweit auf Kartoffelfeldern, gelegentlich auch weit davon entfernt auf anderen Nachtschattengewächsen. **Lebensweise/Fortpflanzung:** Die zweijährigen Käfer fliegen von April bis Oktober und überwintern im Boden. Käfer und Larven fressen die Blätter von Kartoffel, Tollkirsche, Stechapfel usw. Die Weibchen legen insgesamt über 2000 Eier in kleinen Paketen an die Blattunterseite. Jugendstadien: Die Larven sind zunächst weinrot, später orangerot, mit schwarzen Punkten. Bereits nach 2–4 Wochen verpuppen sie sich im Boden und nach weiteren 3 Wochen schlüpfen die Käfer. In warmen Jahren zwei Generationen. Früher bei Massenbefall erheblicher Schaden, heute kaum noch in Massen.

Ameisen-Blattkäfer, Sackkäfer

unten links Larve, rechts Käfer

Clytra quadripunctata (Fam. Blattkäfer/Chrysomelidae)

Merkmale/ähnliche Arten: Ein 8–11 mm großer schwarzer Käfer mit roten bis rotgelben Flügeln mit je 2 schwarzen Punkten (der hintere Fleck kann zweigeteilt sein oder fehlen). Verwechslung mit 2 ähnlichen Arten möglich. **Verbreitung/Lebensraum:** In ganz Mitteleuropa an Waldrändern, Hecken, Feldgehölzen auf Birken, Eichen, Weißdorn. **Lebensweise/Fortpflanzung:** Die Käfer fliegen von Mai bis August und ernähren sich von Blättern. Die Weibchen umhüllen jedes Ei mit einem Kotsack. Jugendstadien: Die jungen Larven klammern sich (ohne ihre Hülle zu verlassen) an eine der größeren Ameisen und lassen sich in deren Nest schleppen, wo sie von Abfällen leben, geschützt durch den ständig erweiterten Sack, aus dem nur die beiden vorderen Beinpaare ragen, wenn sich die Tiere zurückziehen. Die Entwicklung dauert 2–4 Jahre.

Goldglänzender oder Prächtiger Blattkäfer   oben
Dlochrysa fastuosa (Fam. Blattkäfer/Chrysomelidae)

Merkmale/Verbreitung: 5–6 mm kleine Käfer in metallisch glänzenden Farbkombinationen von Goldgrün, Blauviolett bis Rot. Die Oberseite ist fein punktiert. Ganz Mitteleuropa, überall häufig an Wegen, Schuttplätzen, Waldrändern und auf Äckern. **Lebensweise/Fortpflanzung:** Die Käfer sind von April bis August auf Taubnesseln, Hohlzahn und Brennesseln zu finden. Die Larven ernähren sich von den Blättern der genannten Pflanzen.

Meerrettichkäfer   Mitte links
Phaedon cochleariae (Fam. Blattkäfer/Chrysomelidae)

Merkmale/Verbreitung: 3–4 mm kleine, blauglänzende Käferchen mit fein punktierter Oberseite. In ganz Mitteleuropa an feuchten Stellen keine Seltenheit. **Lebensweise/Fortpflanzung:** Die Käfer sind ganzjährig zu finden. Sie ernähren sich wie ihre Larven von den senfhaltigen Blättern von Kohlgewächsen (Kreuzblütlern), besonders von Brunnenkresse, Schaumkraut und Meerrettich.

Pappel-Blattkäfer   Mitte rechts
Melasoma populi (Fam. Blattkäfer/Chrysomelidae)

Merkmale/Verbreitung: 10 mm; Schild glänzend blaugrünschwarz, Flügel ziegelrot mit je einem kleinen schwarzen Fleck am Ende. Mitteleuropa bis Skandinavien; in Landschaften mit Pappeln und Weiden sehr häufig. **Lebensweise/Fortpflanzung:** Nach Überwinterung in altem Laub fliegen die Käfer von Ende April bis August; 2–3 Generationen. Die grauschwarzen Larven fressen an Pappeln und Weiden. Sie scheiden ein nach Karbol riechendes Sekret aus. Zur Verpuppung hängen sie sich kopfüber auf.

Lilienhähnchen   unten links
Lilioceris lilii (Fam. Blattkäfer/Chrysomelidae)

Merkmale/Verbreitung: 6–8 mm große, lackrote Käfer. In ganz Mitteleuropa in Wäldern und Gärten. **Lebensweise/Fortpflanzung:** Käfer und Larven leben auf Lilienarten (Türkenbund, Maiglöckchen, Weißwurzarten). Die orangen Larven sind von einer dunklen Kotschicht überzogen.

Grüner Schildkäfer   unten rechts
Cassida viridis (Fam. Blattkäfer/Chrysomelidae)

Merkmale/Verbreitung: 7–9 mm lang, wanzenartig rundlich mit stark verbreitertem Halsschild. 30 ähnliche Arten in Mitteleuropa. Ganz Mitteleuropa; Wiesen und Hecken. **Lebensweise/Fortpflanzung:** Käfer fressen an Lippenblütlern und Kohldisteln. Larven mit gefiederten Dornen suchen Schutz unter Kot oder alter Larvenhaut.

Pestwurzrüßler, Nacktrüßliger Trägrüßler oben
Liparus glabirostris (Fam. Rüsselkäfer/Curculionidae)

Merkmale/ähnliche Arten: In Mitteleuropa etwa 1200 Rüsselkäferarten, mit langgestrecktem Kopf. Unsere Art wird 17–21 mm groß und ist schwarz mit hellen Haarflecken. **Verbreitung/Lebensraum:** Hauptsächlich südliches Mitteleuropa; feuchte Wiesen und Halden im Gebirge. **Lebensweise/Fortpflanzung:** Weibchen legen ihre Eier an die Wurzeln von Pestwurz und ernähren sich von deren Blättern. Jugendstadien: Die beinlosen Larven minieren im Wurzelstock verschiedener Pestwurzarten.

Schwarzer Lappen- oder Dickmaulrüßler Mitte links
Otiorhynchus niger (Fam. Rüsselkäfer/Curculionidae)

Merkmale/ähnliche Arten: 10–12 mm, braunschwarz, mit verbreitertem Rüssel. In Mitteleuropa etwa 170 ähnliche Arten. **Verbreitung/Lebensraum:** In Nadelwäldern des Berglands. **Lebensweise/Fortpflanzung:** Die Käfer fressen an Fichtennadeln und überwintern in der Bodenstreu. Jugendstadien: Die beinlosen Larven leben von Wurzeln.

Eichelbohrer, Drüsiger Bohrrüßler Mitte rechts
Curculio glandium (Fam. Rüsselkäfer/Curculionidae)

Merkmale/ähnliche Arten: 5–8 mm, braun behaart, mit langem Rüssel. Ähnlich, mit noch längerem Rüssel, der Haselnußbohrer *(C. nucum).* **Verbreitung/Lebensraum:** Ganz Mitteleuropa, in Eichenwäldern und Parks. **Lebensweise/Fortpflanzung:** Mit ihrem Rüssel bohren die Weibchen in die noch weichen Eicheln ein Loch und legen ein Ei hinein. Das Loch wächst wieder zu. Jugendstadien: Die bein- und augenlose Larve frißt den Eichelkern, fällt mit der Eichel zu Boden und verpuppt sich im Boden.

Buchdrucker, Fichtenborkenkäfer unter links Käfer, rechts Larven
Ips typographus (Fam. Borkenkäfer/Scolytidae)

Merkmale/ähnliche Arten: Die Familie der Borkenkäfer ist in Mitteleuropa mit 120 Arten vertreten; zu ihnen gehören viele Forstschädlinge. Der Buchdrucker ist 4–5 mm lang, mit schwarzem Halsschild und braunroten Flügeln. Mehrere ähnliche Arten der gleichen Gattung. **Verbreitung/Lebensraum:** Nadelwälder Europas bis zur Baumgrenze. **Lebensweise/Fortpflanzung:** Der Käfer befällt meist (z. B. durch Raupen oder Luftverschmutzung) bereits geschädigte Bäume. Als »Rindenbrüter« legen die Weibchen Gänge zwischen Holz und Rinde an. Jugendstadien: Die beinlosen Larven fressen sich vom Muttergang in alle Richtungen weiter und erzeugen so die typischen Fraßmuster (vgl. Foto unten rechts).

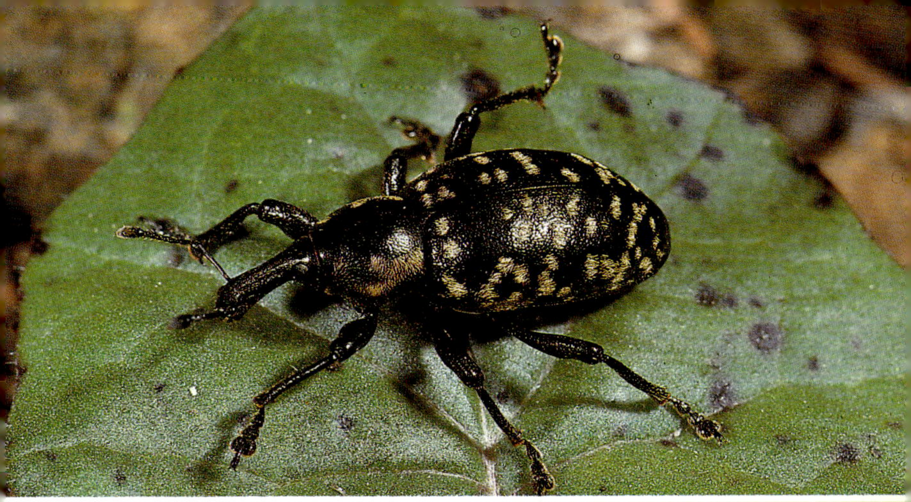
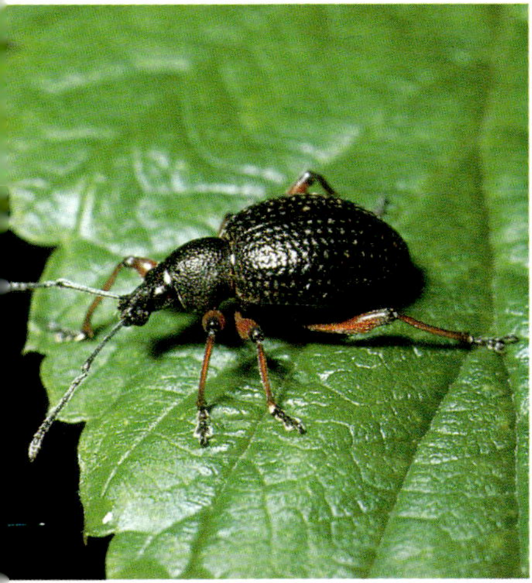
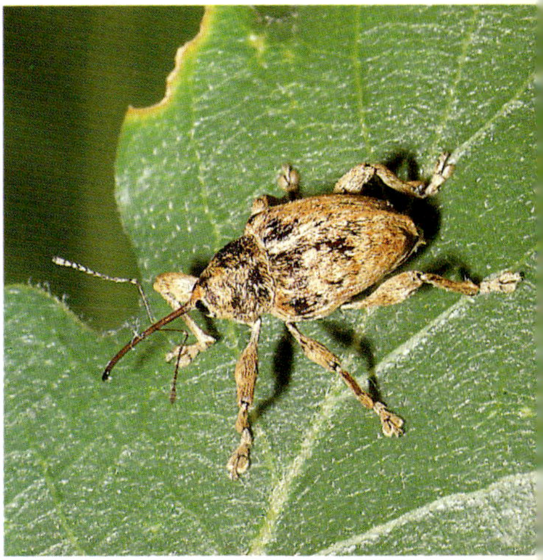
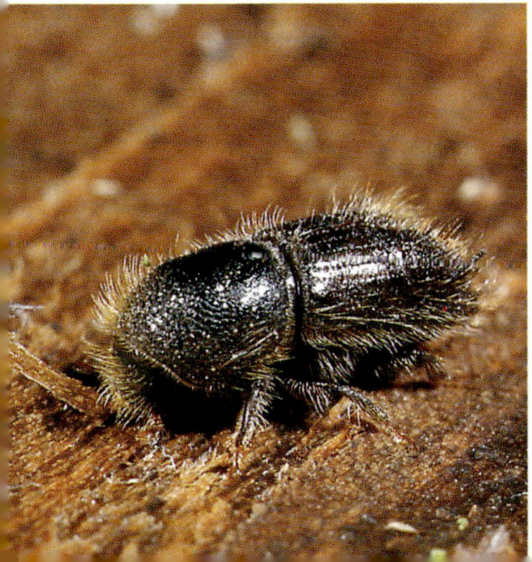
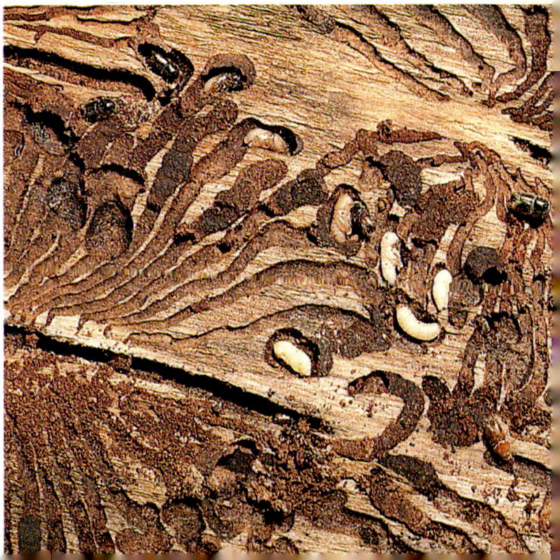

Riesenholzwespe

oben Weibchen

Urocerus (Sirex) gigas (Fam. Holzwespen/Siricidae)

Merkmale/ähnliche Arten: Im engeren Mitteleuropa gibt es 8 Vertreter dieser Familie. Das Weibchen trägt am letzten Rückensegment, das Männchen am letzten Bauchsegment einen dornartigen, seitlich gezähnten Fortsatz unbekannter Funktion. Unsere Art wird 12–40 mm groß und ist schwarz und gelb gezeichnet. **Verbreitung/Lebensraum:** Weit verbreitet in Mitteleuropa, vor allem in Fichtenbeständen. **Lebensweise/Fortpflanzung:** Die Imagines ernähren sich ausschließlich von Nadelbaumsäften. Das Weibchen legt seine Eier mit dem in einer langen Röhre verborgenen Legebohrer 6–10 mm tief in angeweichtes Holz stehender oder liegender Fichtenstämme. Jugendstadien: Die walzenförmigen, gelblichen und augenlosen Larven nagen Gänge bis ins Kernholz und verpuppen sich dicht unter der Rinde. Neben Holz dienen symbiontische Pilze der Ernährung, die von Generation zu Generation weitergegeben werden.

Blattwespe

Mitte rechts, Mitte links Blattwespenlarven

Allantus scrophulariae (Fam. Echte Blattwespen/Tenthredinidae)

Merkmale/ähnliche Arten: In Europa gibt es etwa 900 schwer bestimmbare Blattwespenarten. Viele sind durch Larvenfraß an Kulturpflanzen und Waldbäumen schädlich. Die raupenähnlichen Larven (Afterraupen) besitzen 7–8 Bauchfußpaare; charakteristisch ist die S-förmige Schreckstellung (Foto Mitte links). Während die Larven sich vegetarisch ernähren, leben viele Alttiere räuberisch. Mit ihrem schwarz-gelb geringelten Hinterleib sieht diese Art den Echten Wespen sehr ähnlich; wie allen Blattwespen fehlt ihr aber die »Wespentaille« und sie wird höchstens 10 mm groß. **Verbreitung/Lebensraum:** In Mitteleuropa weit verbreitet und in laubholz- und gebüschreicher Umgebung nicht selten. **Lebensweise/Fortpflanzung:** Die Imagines ernähren sich räuberisch von kleinen Insekten und deren Larven. Die Weibchen legen ihre Eier im Herbst in die Rinde von (Eichen-)Zweigen, wo diese überwintern. Jugendstadien: Die raupenähnlichen Larven fressen an den Blättern von Eichen und anderen Laubbäumen. Verpuppung ohne Gespinstkokon.

Grüne Blattwespe

unten

Rhogogaster viridis (Fam. Echte Blattwespen/Tenthredinidae)

Merkmale/ähnliche Arten: Eine 10–13 mm große, hellgrüne Blattwespe. **Verbreitung/Lebensraum:** In Mitteleuropa verbreitet und in buschreichem Gelände, in Gärten und Laubwäldern regelmäßig anzutreffen. **Lebensweise/Fortpflanzung:** Neben Larven findet man den ganzen Sommer über auch erwachsene Tiere. Sie jagen bei warmem Wetter in der Strauch- und Krautschicht andere Insekten und deren Larven, die sie töten und aussaugen. Durch Vernichtung von Schädlingen (Kartoffelkäferlarven) machen sie sich nützlich. Jugendstadien: Die Larven (Afterraupen, s. o.) ernähren sich von den Blättern von Pappeln, Weiden, Erlen und Hahnenfußgewächsen.

Holzschlupfwespe, Riesenschlupfwespe, Pfeifenräumer oben

Rhyssa-Art (Fam. Schlupfwespen/Ichneumonidae)

Merkmale/ähnliche Arten: Die Schlupfwespen sind eine enorm artenreiche Familie: Von den weit über 30 000 Arten kommen in Mitteleuropa mindestens 3000, vielfach schwer bestimmbare Arten vor. Männchen und Weibchen sind oft verschieden gefärbt. Bei manchen Arten haben die Weibchen mehr als körperlange Legebohrer, mit denen sie ihre Eier in die Wirtstiere ablegen und wohl auch lähmendes Gift injizieren. Ein weiteres Kennzeichen der Gruppe sind die langen Fühler. Die *Rhyssa*-Arten werden 18–40 mm lang, mit Legebohrer bis 80 mm. **Lebensweise/Fortpflanzung:** Durch die Parasitierung von Schädlingen werden Schlupfwespen z. B. von Forstleuten sehr geschätzt und teilweise auch gezielt zur biologischen Schädlingsbekämpfung eingesetzt. Man findet Schlupfwespen oft auf Doldenblüten, wo sie den leicht erreichbaren Nektar auflecken; auch der Honigtau von Blattläusen (vgl. S. 19) ist sehr beliebt. Jugendstadien: Die Larven aller Schlupfwespenarten leben parasitisch. Bemerkenswert ist die anatomisch »gekonnte« Vorgehensweise beim Verzehr des Wirtstiers: Die lebenswichtigen Organe werden erst zuletzt gefressen, so daß über die gesamte Entwicklungszeit der Larve frische Nahrung zur Verfügung steht.

Eulen-Schlupfwespe Mitte

Netelia testacea (Fam. Schlupfwespen/Ichneumonidae)

Merkmale/ähnliche Arten: Eine goldgelbe, etwa 15 mm lange Schlupfwespe mit langem, dünnen, am Ende schwarzen Hinterleib und gläsernen Flügeln. **Lebensweise/Fortpflanzung:** Die Imagines dieser Art werden von nächtlichem Licht angelockt und geraten dadurch auch in Wohnungen. Jugendstadien: Die Larven dieser Schlupfwespe leben in den Raupen von Eulenfaltern.

Kohlweißling-Brackwespe unten rechts, unten links Puppenkokons

Apanteles glomeratus (Brackwespen/Braconidae) an Kohlweißling-Raupe

Merkmale/ähnliche Arten: Brackwespen sind kleine bis höchstens mittelgroße und recht träge Schlupfwespen. Unsere Art wird nur 3 mm groß. Sie trägt ein schwarzes Dreieck am oberen Rand der glasigen Flügel. **Verbreitung/Lebensraum:** Sehr verbreitet und in allen möglichen Lebensräumen anzutreffen, wo Schmetterlingsraupen sind. **Lebensweise/Fortpflanzung:** Die kleinen Männchen mancher Brackwespen tanzen wie Mücken im Schwarm. Jugendstadien: Die Larven der Brackwespen ernähren sich als Innen- oder Außenparasiten von anderen Insekten und deren Larven. Unsere Art ist nicht allein auf die Raupen des Kohlweißlings spezialisiert, sondern findet sich auch in den Raupen vieler anderer Schmetterlinge, wobei sich stets mehrere Larven in einer Raupe entwickeln. Die erwachsenen Larven verpuppen sich in einem gelblichen Gespinst (»Raupeneier«) an der Außenseite des inzwischen toten Wirts.

Feuer-Goldwespe   oben

Chrysis ignata (Fam. Goldwespen/Chrysididae)

Merkmale/ähnliche Arten: Ein 7–10 mm großer Hautflügler von sehr variabler Körperform und Färbung. In der Regel ist der Vorderkörper blaugrün, der Hinterkörper in verschiedenen Rottönen. **Verbreitung/Lebensraum:** In Mitteleuropa stellenweise häufig. **Lebensweise/Fortpflanzung:** Gerne auf Doldenblüten. Jugendstadien: Die Larven entwickeln sich in den Larven von Wespen- und Bienenarten.

Eichen-Gallwespe   Mitte links Imago, rechts Galläpfel

Cynips quercus-folii (Fam. Gallwespen/Cynipidae)

Merkmale/ähnliche Arten: Ein großer Teil der kleinen (1–3 mm großen) Gallwespen lebt im Larvenstadium parasitisch bei anderen Insekten. Bekannter sind aber die in Pflanzen schmarotzenden Arten, die dort charakteristische Wucherungen, die sogenannten Gallen erzeugen. **Lebensweise/Fortpflanzung:** Aus dem Gallapfel schlüpft im frühen Jahr ein relativ großes Weibchen, das seine Eier einzeln in die noch schlafenden Eichenknospen legt. Bei der folgenden Larvenentwicklung entsteht eine unscheinbare Knospengalle, aus der im Mai/Juni kleinere Männchen und Weibchen schlüpfen, die ihre Eier dann in die Adern auf der Unterseite der Blätter legen, was wiederum die Entstehung von Galläpfeln zur Folge hat. Jugendstadien: Die bis über 20 mm großen, oft rotbackigen Eichengalläpfel auf der Unterseite von Eichenblättern sind Wucherungen des Blattgewebes, die durch das Ei und später von der Larve der Eichengallwespe verursacht werden. Die Galle bietet der Larve Nahrung und Schutz. Schlupfwespen (S. 150) können allerdings die Gallen leicht durchstechen. Im Normalfall verpuppt sich die Larve der Eichengallwespe im Herbst in der Kammer der Galle.

Rosen-Gallwespe   unten links Galle, rechts Larven in geöffneter Galle

Diplolepis rosae (Fam. Gallwespen/Cynipidae)

Merkmale/ähnliche Arten: Eine 3–6 mm große Gallwespe. **Verbreitung/ Lebensraum:** Weite Teile Europas, in offenen Landschaften mit Heckenrosen. **Lebensweise/Fortpflanzung:** Männchen der Rosengallwespe findet man in unserer Klimazone selten, so daß sich die Weibchen durch Jungfernzeugung fortpflanzen. Jugendstadien: Die von den Larven an den Sproßenden erzeugten, bis 5 cm großen Gallen sind durch haarförmige Auswüchse gekennzeichnet. Man nennt sie im Volksmund Schlafäpfel, da sie – unters Kissen gelegt – den Schlaf fördern sollen. Jede Rosengalle enthält mehrere Kammern, in denen jeweils eine Larve lebt und sich dort auch verpuppt. Die Imagines schlüpfen im nächsten Jahr. Die Larven werden häufig von Brackwespen u. a. parasitiert.

Rote Waldameise

oben

Formica rufa (Fam. Schuppenameisen/Formicidae)

gesch.

Merkmale/ähnliche Arten: Daß Ameisen (in Mitteleuropa etwa 200 Arten) Hautflügler sind, wird erst an den geflügelten Geschlechtstieren (vgl. Foto unten rechts) deutlich. Die Arbeiterinnen sind stets ungeflügelt. Neben den schwarzbraunen Roßameisen (bis 18 mm) ist unsere Art mit 6–11 mm die größte heimische Ameise. **Verbreitung/Lebensraum:** In ganz Mitteleuropa verbreitet und in strukturreichen Wäldern häufig. **Lebensweise/Fortpflanzung:** Über dem teils unterirdischen Nest wird ein großer Haufen aus Nadeln und kleinen Zweigen errichtet. Spielt eine bedeutende Rolle bei der Eindämmung von Schadinsekten im Wald. **Jugendstadien:** Aus den kleinen Eiern entwickeln sich sackförmige Larven, die sich in einem Kokon verpuppen, der fälschlich als »Ameisenei« bezeichnet wird.

Gelbe Wiesenameise

Mitte Arbeiterinnen und Larven

Lasius flavus (Fam. Schuppenameisen/Formicidae)

Merkmale/ähnliche Arten: 2–5 mm groß, Arbeiterinnen meist blaßgelb. **Verbreitung/Lebensraum:** Verbreitet und in Grasland häufig. **Lebensweise/Fortpflanzung:** Erdnester mit bis 20000 Tieren. Der Aushub wird zu maulwurfsähnlichen, aber meist von Gras durchwachsenen Hügeln aufgeschüttet. Nahrung: Honigtau von Wurzelläusen. Die Wintereier der Läuse werden im Nest aufbewahrt und im Frühjahr wieder an Wurzeln gesetzt. Hochzeitsflug im Sommer, danach Koloniegründung durch einzelne Weibchen.

Grauschwarze Sklavenameise

unten links

Formica fusca (Fam. Schuppenameisen/Formicidae)

gesch.

Merkmale/ähnliche Arten: Schwarze, am ganzen Körper kurz behaarte Ameise; Arbeiterinnen 4,5–7,5 mm, Geschlechtstiere bis 11 mm. **Verbreitung/Lebensraum:** Eine der häufigsten Arten in Mitteleuropa, bevorzugt an schattigen Orten; in den Alpen bis 3000 m. **Lebensweise/Fortpflanzung:** Lebt von süßen Säften und Insekten(larven), auch von anderen Ameisen. Nest in Baumstümpfen, unter Steinen usw., auch oberirdische Haufen. Die Nester dieser Art werden gern von Königinnen anderer Arten besetzt (z. B. von der Roten Waldameise) und die Arbeiterinnen »versklavt«.

Schwarzgraue Wegameise

unten rechts Königin

Lasius niger (Fam. Schuppenameisen/Formicidae)

Merkmale/ähnliche Arten: Arbeiterinnen 4 mm. **Verbreitung/Lebensraum:** Häufigste heimische Ameise in verschiedenem Gelände. **Lebensweise/Fortpflanzung:** Hauptnahrung ist der Honigtau von Schild- und Blattläusen. Die aus den unterirdischen Nestern herausgeschaffte Erde wird oft (zwischen Gräsern) zu recht hohen gekammerten Bauten aufgeschichtet, in denen der Nachwuchs der Sonnenwärme ausgesetzt wird. Im Juni oft in Schwärmen aufsteigende Geschlechtstiere, die Vögel (z. B. Möwen, Stare) anlocken.

Feldwespe
oben Imago auf Nest

Polistes gallicus (Fam. Soziale Faltenwespen/Vespidae)

Merkmale/ähnliche Arten: Etwa 100 Arten der Familie Vespidae in Mitteleuropa. Nester der Feldwespen: eine hüllenlose Wabe, die mit einem Stiel an der Vegetation befestigt ist. Die recht dunklen Tiere werden 10–15 mm groß. **Verbreitung/Lebensraum:** In überständigen Wiesen und buschreichem Gelände nicht selten. **Lebensweise/Fortpflanzung:** Mehrere Weibchen gründen ein Nest; das stärkste Weibchen frißt die Eier der anderen, bis diese nur noch als Arbeiterinnen dienen. Temperaturregelung im Nest durch eingetragenes Wasser zur Abkühlung und Muskelzittern zur Erwärmung (wie bei anderen sozialen Wespen). Nahrung: Spinnen und kleine Insekten.

Deutsche Wespe
Mitte links

Paravespula germanica (Fam. Soziale Faltenwespen/Vespidae)

Merkmale/ähnliche Arten: 10–20 mm groß; schwer von einigen ähnlichen Arten zu unterscheiden (Hinterleibszeichnung!). **Verbreitung/Lebensraum:** In ganz Mitteleuropa verbreitet, in manchen Jahren sehr häufig, besonders in Gartensiedlungen, Buschland und lichten Wäldern. **Lebensweise/Fortpflanzung:** Überwinternde Weibchen gründen in Erdlöchern ein Nest (vgl. Foto S. 22). Die schlüpfenden Tiere sind Arbeiterinnen, die nun die weitere Betreuung übernehmen. Am Ende hat das Erdnest einen Umfang von 20–30 cm und besteht aus bis zu 3000 Wespen. Nahrung: Im Flug erbeutete Insekten werden an die Larven verfüttert, wofür die Flugtiere von den Larven ein nahrhaftes Sekret bekommen; ab Spätsommer süße Säfte.

Gewöhnliche Wespe
Mitte rechts

Paravespula vulgaris (Fam. Soziale Faltenwespen/Vespidae)

Merkmale/ähnliche Arten: Nur an der Gesichtszeichnung sicher von voriger Art zu unterscheiden. **Verbreitung/Lebensraum:** Verbreitet und häufig. **Lebensweise/Fortpflanzung:** Ähnlich voriger Art. Jugendstadien: Die Larven verpuppen sich in selbstgesponnenem Kokon in der Wabe.

Hornisse
unten
gesch.

Vespa crabro (Fam. Soziale Faltenwespen/Vespidae)

Merkmale/ähnliche Arten: Mit 20–35 mm größte heimische Faltenwespe; außerdem an der rotbraunen Brust erkennbar. **Verbreitung/Lebensraum:** In ganz Europa in Laubwäldern, Gärten, buschreichem Gelände. **Lebensweise/Fortpflanzung:** Die befruchteten Weibchen überwintern und beginnen im Frühjahr mit dem Bau eines Nestes in Baumhöhlen, Nistkästen, auch in Dachböden. Baumaterial: zerkautes Holz mit Speichel. Arbeiterinnen erweitern das Nest auf bis zu 70 cm Durchmesser und 5000 Bewohner.

Wegwespe

oben

Anoplius viaticus (Fam. Wegwespen/Pompilidae)

Merkmale/ähnliche Arten: Etwa 100 schwer zu unterscheidende Arten in Mitteleuropa. Relativ langbeinige, mittelgroße Insekten, meist schwarz oder schwarz mit rotbraunem Vorderteil des Hinterleibs. Unsere Art wird etwa 15 mm groß. **Verbreitung/Lebensraum:** In Mitteleuropa verbreitet, aber nicht häufig. Trockenwarme Orte mit sandigen Böden werden bevorzugt. **Lebensweise/Fortpflanzung:** Alle Wegwespen leben solitär (keine Staatenbildung). Die Imagines ernähren sich von süßen Pflanzensäften, die Larven ausschließlich von gelähmten Spinnen, die die Weibchen auf dem Boden oder auf Doldenblüten erjagen. Jugendstadien: Die Larven entwickeln sich einzeln an der gelähmten Beute, die in Ritzen versteckt oder in sandigem Boden vergraben wird.

Sandwespe

Mitte

Ammophila sabulosa (Fam. Grabwespen/Sphecidae)

Merkmale/ähnliche Arten: Nahezu 300 Grabwespenarten in Mitteleuropa. Schwarzgelb, schwarz oder schwarz mit Rotbraun. Sandwespen sind sehr schlank, mit stielförmigem Hinterleibsansatz. Unsere Art wird 16–28 mm groß. **Verbreitung/Lebensraum:** In ganz Mitteleuropa an sandigen Stellen. **Lebensweise/Fortpflanzung:** Im Gegensatz zu den Wegwespen, die nur Spinnen für ihre Brut jagen, erbeuten die Grabwespen verschiedene Insekten(larven), *Ammophila* vor allem Blattwespenlarven und Schmetterlingsraupen. Die in sandigem Boden gegrabene Nesthöhle wird meist mit einem Steinchen verschlossen. Jede Larve erhält 6–7 mittelgroße gelähmte Raupen als Proviant.

Bienenwolf

unten

Philanthus triangulum (Fam. Grabwespen/Sphecidae)

Merkmale/ähnliche Arten: Diese stattlichen schwarz-gelben Grabwespen sind etwas größer als eine Honigbiene (Weibchen; Männchen nur 8–10 mm). **Verbreitung/Lebensraum:** In ganz Mitteleuropa, aber nirgends häufig. **Lebensweise/Fortpflanzung:** Die einzige Beute des Bienenwolfs sind Honigbienen. Sie werden von hinten angeflogen und mit einem gezielten Stich in die weiche Haut hinter dem 1. Beinpaar gelähmt. Die Biene wird im Flug zum Nest getragen, das meist in sandigem Boden gegraben wird. Der Hauptgang ist bis 1 m lang; zu beiden Seiten werden taubeneigroße Zellen angelegt, in die jeweils 2–6 Bienen und ein Ei gelegt werden. Jugendstadien: Die aus dem Ei schlüpfende Larve frißt eine Biene nach der anderen von innen auf und verspinnt sich bereits nach 4–5 Tagen in einem Kokon, in dem im nächsten Frühjahr die Verpuppung stattfindet. Goldwespen und andere Insekten sind Brutschmarotzer beim Bienenwolf.

Seidenbiene

Colletes sp. (Fam. Seidenbienen/Colletidae)

oben
gesch.

Merkmale/ähnliche Arten: Seidenbienen sind solitäre Bienen mit noch recht kurzem Rüssel (»Urbienen«). In Mitteleuropa sind die Gattungen *Colletes* (mit 13 Arten, bis 15 mm groß) und die Gattung *Hylaeus* (mit 30 Arten, 4–8 mm groß) vertreten. **Lebensweise/Fortpflanzung:** Seidenbienen kleiden ihre Nester mit einer seidig glänzenden, völlig wasserdichten Schicht aus einer Art Zweikomponenten-Material aus: ein Drüsensekret, das durch Zugabe von Speichel erhärtet. Wie die Honigbiene sammeln sie Pollen an den Beinen. Damit verproviantieren sie die Larven in ihren mehrzelligen Nestern in Sand- und Lehmböden. Manche Arten bauen ihre Nester auch in Lößwänden und im Fugenmaterial von Mauern und Hauswänden. **Jugendstadien:** Die Larven wachsen einzeln in den Nestkammern heran, wo sie sich auch verpuppen. Die jungen Weibchen werden oft von den bereits geschlüpften Männchen ausgegraben und begattet.

Sandbiene

Andrena vaga (Fam. Sandbienen/Andrenidae)

unten
gesch., RL 3

Merkmale/ähnliche Arten: Sandbienen sind lang behaarte, solitär nistende Bienen mit noch recht kurzem Rüssel. In Mitteleuropa etwa 200 schwer zu unterscheidende Arten sehr verschiedener Größe (6–20 mm). **Verbreitung/ Lebensraum:** In ganz Mitteleuropa verbreitet. Bevorzugt werden Flußauen mit sandig-lehmigen Böden besiedelt; gerne werden die Brutröhren auch in Kies- und Sandgruben sowie in Hochwasserdämmen angelegt. **Lebenswei-se/Fortpflanzung:** Sandbienen sammeln den Pollen für ihre Larven an den behaarten Hinterbeinen. Die mehrzelligen Nester werden in sandigem Boden angelegt, wobei der Hauptgang bis 1 m lang sein kann. Auch hier werden die Gangwände mit einem wasserdichten Material ausgekleidet. Sandbienen gehören zu den ersten Bienen im Jahr; ihre erste Generation fliegt schon ab März. Im Juli/August fliegt dann eine zweite Generation, die man wie alle kurzrüsseligen Bienen besonders auf Doldenblüten findet. Die Männchen reagieren auf den Duft und das Aussehen von Ragwurzblüten mit Kopulationsverhalten und tragen damit zur Bestäubung dieser Orchideen bei. Die Bedeutung der Wildbienen für die Bestäubung auch von Kulturpflanzen (Obstbäumen, Raps usw.) wird meist unterschätzt.

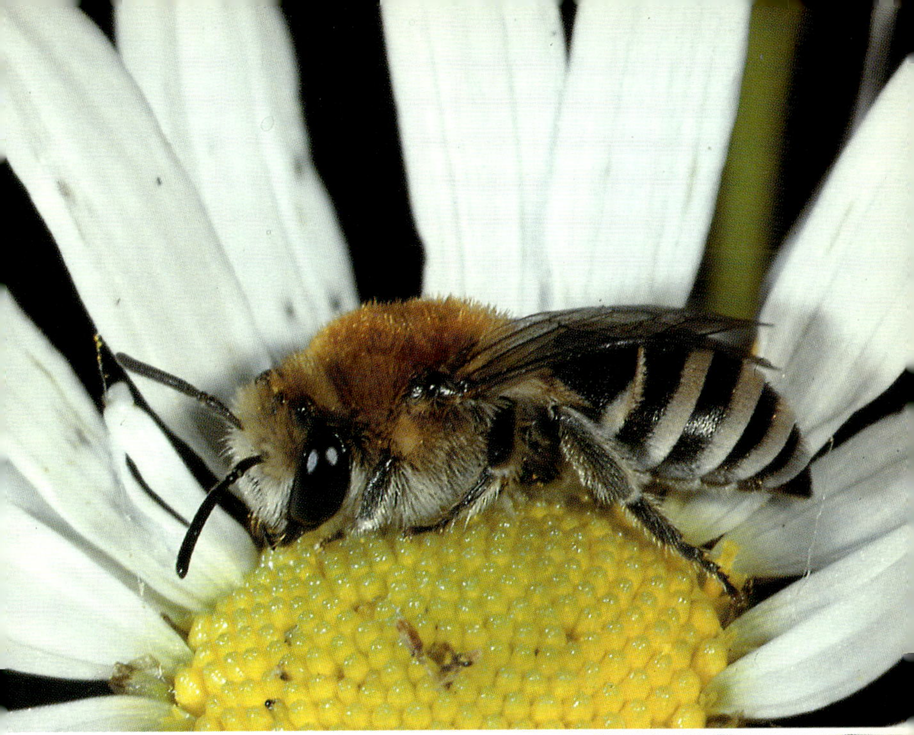
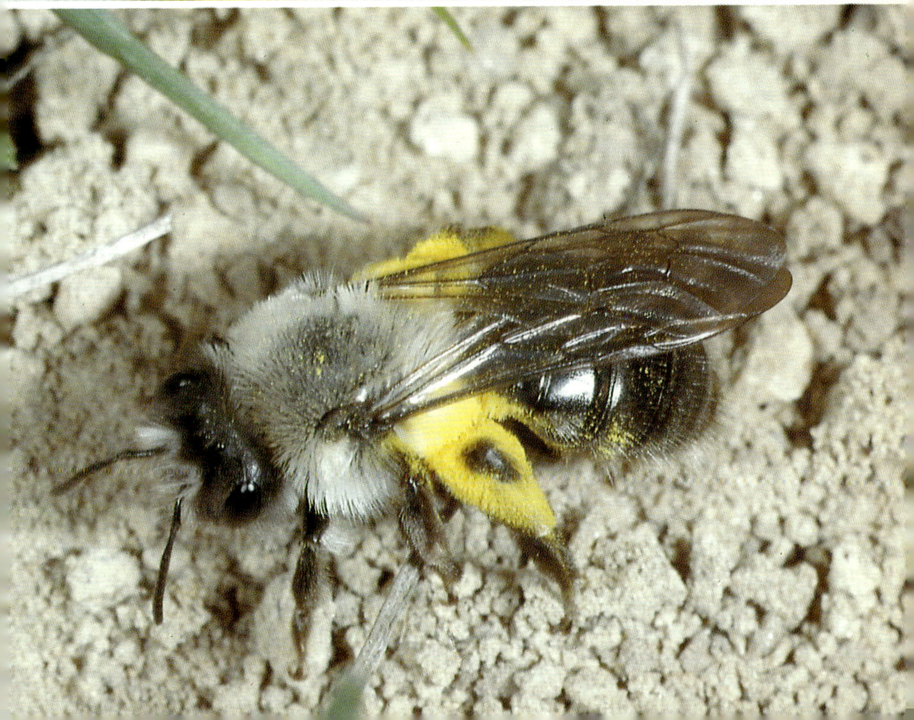

Wiesenhummel

Bombus pratorum (Fam. Echte Bienen/Apidae)

oben
gesch.

Merkmale/ähnliche Arten: Die Hummeln (über 30 Arten in Mitteleuropa) sind stark behaart, kräftig gebaute Echte Bienen, die ihre kleinen Staaten meist unterirdisch anlegen. Sie sind auch bei niedrigen Temperaturen aktiv und dringen daher weiter als andere Bienen in den subarktischen Bereich und in hohe Gebirgslagen vor. Sie können mit ihrem Giftstachel stechen, sind aber wenig aggressiv. Die Wiesenhummel wird im weiblichen Geschlecht 16–21 mm, im männlichen 11–16 mm groß und ist recht unterschiedlich gefärbt, meist bei schwarzem Mittelteil mit gelber Vorderbrust und rötlichem Hinterteil. **Verbreitung/Lebensraum:** In ganz Europa verbreitet; Buschland, Gärten, lichte Wälder, in den Alpen bis 2500 m hoch. **Lebensweise/Fortpflanzung:** Junge Weibchen fliegen bereits ab März. Nestbau in Erdlöchern, Reisighaufen, Vogelnestern, hohlen Bäumen usw. Die kleineren Arbeiterinnen fliegen von Juni bis September.

Gartenhummel

Bombus hortorum (Fam. Echte Bienen/Apidae)

unten links
gesch.

Merkmale/ähnliche Arten: Eine in Färbung und Größe der folgenden Art recht ähnliche Hummel, statt zwei gelber Ringe hat sie jedoch meistens drei, ist allerdings sehr variabel. Ein besseres Unterscheidungsmerkmal ist die hellgelbe Unterseite und der lange Kopf. **Verbreitung/Lebensraum:** In ganz Europa an Waldrändern, in Buschland der Ebene und des Berglandes. **Lebensweise/Fortpflanzung:** Mit ihrem körperlangen Rüssel erreicht sie Blütennektar, der für andere Hummeln unerreichbar ist. Gartenhummeln sind ein wichtiger Bestäuber von Klee und Obstbäumen. Das Nest wird im Boden und an regengeschützten Stellen (auch in Gebäuden) gebaut; man kann die Gartenhummel leicht in künstlichen Stöcken ansiedeln. Im Herbst kann ein Nest bis zu 400 Hummeln beherbergen. Die Männchen erscheinen ab August.

Erdhummel

Bombus terrestris (Fam. Echte Bienen/Apidae)

unten rechts
gesch.

Merkmale/ähnliche Arten: Eine große Hummel (bis 22 mm), die farblich wenig variiert: gelbe Vorderbrust und gelber Vorderteil des Hinterleibs und weißes Hinterleibsende. Im Feld nicht von *B. lucrorum* zu unterscheiden. **Verbreitung/Lebensraum:** In ganz Europa verbreitet, vielerorts die häufigste Hummel. Besiedelt die verschiedensten Lebensräume. **Lebensweise/Fortpflanzung:** Junge Weibchen fliegen schon Ende März. Das Nest wird bis 1 m tief im Boden in Mäuse- oder Maulwurfsgängen angelegt und mit Moos u. ä. gepolstert; die Waben sind mit einer wasserabweisenden Wachsschicht gegen Nässe geschützt. Später im Jahr können bis 500 Hummeln zu einem Nest gehören.

Steinhummel

oben

gesch.

Bombus lapidarius (Fam. Echte Bienen/Apidae)

Merkmale/ähnliche Arten: Eine 14–27 mm große Hummel mit eindeutiger Zeichnung: Die Weibchen (24–27 mm) sind schwarz mit rotbraunem Körperende, die wesentlich kleineren Männchen (14–18 mm) tragen an Kopf und Vorderteil des Brustabschnitts orangegelbe Haare. Eine Verwechslung mit ähnlich gefärbten Arten ist möglich. **Verbreitung/Lebensraum:** In Europa bis zum Polarkreis und in den Alpen bis 2000 m Höhe verbreitet. Besiedelt die verschiedensten Lebensräume. **Lebensweise/Fortpflanzung:** Für die Anlage ihrer Nester suchen die Weibchen gerne Steinhaufen, Mauern und Gebäude auf. Das Nest enthält etwa 300 Tiere.

Feld- oder Ackerhummel

Mitte Hummel, unten Nest

gesch.

Bombus agrorum (Fam. Echte Bienen/Apidae)

Merkmale/ähnliche Arten: Auch bei dieser Art werden die (im Frühjahr fliegenden) Weibchen mit 18–22 mm am größten, während die erst ab Juni auftretenden Arbeiterinnen und Männchen nur 13–18 mm groß werden. Die Art ist in den verschiedenen Regionen ihres Verbreitungsgebietes sehr unterschiedlich gefärbt, besonders auf dem Hinterleib. Typisch ist ein Büschel gelblicher Haare am Kopf, ein kräftig orangebraunes bis orangegelbes Fell auf dem Brustabschnitt und wieder fahle Haare neben dem schwarzen Pelz des Hinterleibs. Je kälter der Lebensraum desto dunkler sind die Tiere. **Verbreitung/Lebensraum:** In ganz Europa verbreitet und häufig. Durchaus nicht nur auf Felder beschränkt, sondern ebenso auf Wiesen, in Parks und Gärten, an Waldrändern, auf trockenen und feuchten Standorten. Im Bergland bis über die Waldgrenze. **Lebensweise/Fortpflanzung:** Die jungen, überwinterten Weibchen fliegen ab Mitte April, stärken sich mit Pollen und Nektar und gründen dann ein Nest an möglichst regengeschützter Stelle. Gerne siedeln sie in und an Gebäuden, wobei sie Ansammlungen von trockenem Moos, Gras oder Lumpen bevorzugen. Die relativ kleinen Nester enthalten zur Zeit des maximalen Ausbaus nur 100–200 Zellen.

Honigbiene

oben mit Pollen, Mitte rechts Königin, unten Drohne

Apis mellifica (Fam. Echte Bienen/Apidae)   gesch.

Merkmale/ähnliche Arten: Das Aussehen der Honigbiene ist allgemein bekannt. Neben den Arbeiterinnen (13–15 mm), die die Masse der Stockbienen ausmachen, lebt in jedem Volk noch ein eierlegendes Weibchen, Königin genannt (16–20 mm), das vor allem einen deutlich längeren Hinterleib hat als die Arbeiterinnen (s. Foto, Farbpunkt auf der Brust). Zu bestimmten Jahreszeiten werden auch Männchen »produziert«, sogenannte Drohnen, die in der Größe zwischen Arbeiterinnen und Königin stehen (s. Foto, breiter, große Augen). Im Gegensatz zu den Wespen können Bienen einen Menschen nur einmal stechen, da ihr Stachel mit Widerhaken besetzt und die Rückzugsmuskulatur nur schwach entwickelt ist, so daß Stachel und Giftapparat aus dem Insektenleib herausgerissen werden und die Biene stirbt.

Verbreitung/Lebensraum: Die seit mindestens 5000 Jahren domestizierte Honigbiene ist (mit 3 Rassen) in Europa die einzige Vertreterin der Gattung *Apis*; weitere Arten kommen teils wild, teils domestiziert in Südafrika sowie in Süd- und Ostasien vor. In Mitteleuropa halten sich »wilde« Bienenvölker in hohlen Bäumen meist nur kurze Zeit. Blütenreiches Kulturland, offene Heiden, vielfältiges Buschland und Wälder sind – möglichst in Gemengelage – Lebensraum der Biene.

Lebensweise/Fortpflanzung: Honigbienen haben ein hochentwickeltes Sozialleben mit vielfältigen Kommunikationsmöglichkeiten. Ein Volk besteht aus bis zu 50 000 Arbeitsbienen, die im Lauf ihres nur einige Wochen dauernden Lebens verschiedene Tätigkeitsphasen durchlaufen. Ihre Hauptaufgabe ist der Bau der Wachswaben, die Versorgung der Larven mit Futter (Pollen, Nektar und ein Drüsensekret) und das Sammeln von Wintervorräten (fermentierter und entwässerter Nektar = Honig). Mit einer Tanzsprache können sie sich gegenseitig über Trachtquellen informieren: Der Rundtanz veranlaßt Stockgenossinnen im Umkreis von 50–100 m nach Blüten zu suchen, deren Duft die heimkehrende Biene mitbringt. Der Schwänzeltanz bezeichnet durch den Winkel zur Senkrechten den Winkel zur Sonne und ermöglicht damit gezielte Suche. Sehr ausgeprägt ist auch die Temperaturregulation im Stock. Der vom Menschen entnommene Honig muß in Form von Zucker als Wintervorrat wieder zugegeben werden.

Jugendstadien: Die Entwicklung der Larven hängt von verschiedenen Faktoren ab. Drohnen entstehen aus unbefruchteten Eiern in etwas größeren Zellen. Königinnen werden in extragroßen Weiselzellen mit einem Überfluß an Honig und dem von jungen Arbeiterinnen abgegebenen Futtersaft ernährt. Die zu Arbeiterinnen werdenden Larven erhalten dieses Drüsensekret nur 3 Tage lang. Ausschlaggebend für die Entwicklung zur Königin ist aber ein Stoff, der in unvorstellbar geringer Menge wirkt. Im Frühsommer fliegt die junge Königin aus und wird von den in 10–20 m Höhe bereits wartenden Drohnen besamt. Wenn sie zurückkehrt, tötet sie weitere junge Weibchen und auch die alte Königin, sofern diese nicht bereits mit einem Teil der Arbeiterinnen als Schwarm ausgezogen ist. Der Samenvorrat reicht für die rund 100 000 Eier, die eine Königin während ihrer 3–5jährigen Lebenszeit legt.

Blattschneiderbiene

oben
gesch.

Megachile centuncularis (Fam. Solitärbienen/Megachilidae)

Merkmale/ähnliche Arten: Die Familie der Megachilidae (Großlippen) ist in Mitteleuropa mit rund 100 Arten vertreten. Typisch für sie ist das Auskleiden der Zellwände für ihre Brut mit herbeigeschlepptem Material: Blattstücke, Pflanzenfasern, Harz, Schlamm, Steinchen. Zu den Blattschneiderbienen gehören in Mitteleuropa über 20 Arten; unsere Art wird etwa 15 mm lang. **Verbreitung/Lebensraum:** Häufigste Blattschneiderbiene bei uns. **Lebensweise/Fortpflanzung:** Für die Brutzellen werden ausgebissene Blattstücke zu einem fingerhutartigen Gebilde geformt. Die mit Pollen und einem Ei versehene Zelle wird am Ende mit einem passenden Blattdeckel verschlossen.

Zweifarbige Mauerbiene

unten
gesch.

Osmia bicolor (Fam. Solitärbienen/Megachilidae)

Merkmale/ähnliche Arten: Zu den Mauerbienen gehören im engeren Mitteleuropa rund 40 Arten. Die nicht besonders großen Bienen (8–15 mm) sind stark behaart und unauffällig gefärbt. Besonders häufig ist im zeitigen Frühjahr die unserer Art ähnliche Rostrote Mauerbiene *(O. rufa)*. **Verbreitung/Lebensraum:** In Mitteleuropa weit verbreitet und in verschiedenen Lebensräumen vorkommend. **Lebensweise/Fortpflanzung:** Die Zweifarbige Mauerbiene benutzt leere Schneckenhäuser zur Anlage ihrer Brutzellen. Dabei werden in jedem Schneckenhaus nur eine, höchstens zwei Zellen gebaut. Nachdem Proviant und Ei deponiert sind, wird eine Wand aus Pflanzenzement eingezogen. Dann schleppt die Biene Steinchen, Erde, Holzstückchen herbei, füllt damit den vorderen Schneckengang und zieht wieder eine Wand ein. Dann wird das Schneckenhaus so gedreht, daß es lückenlos dem notfalls geglätteten Boden aufliegt. Zuletzt deckt die Biene das Schneckenhaus mit einem faustgroßen Haufen von dürren Halmen oder Kiefernnadeln ab.

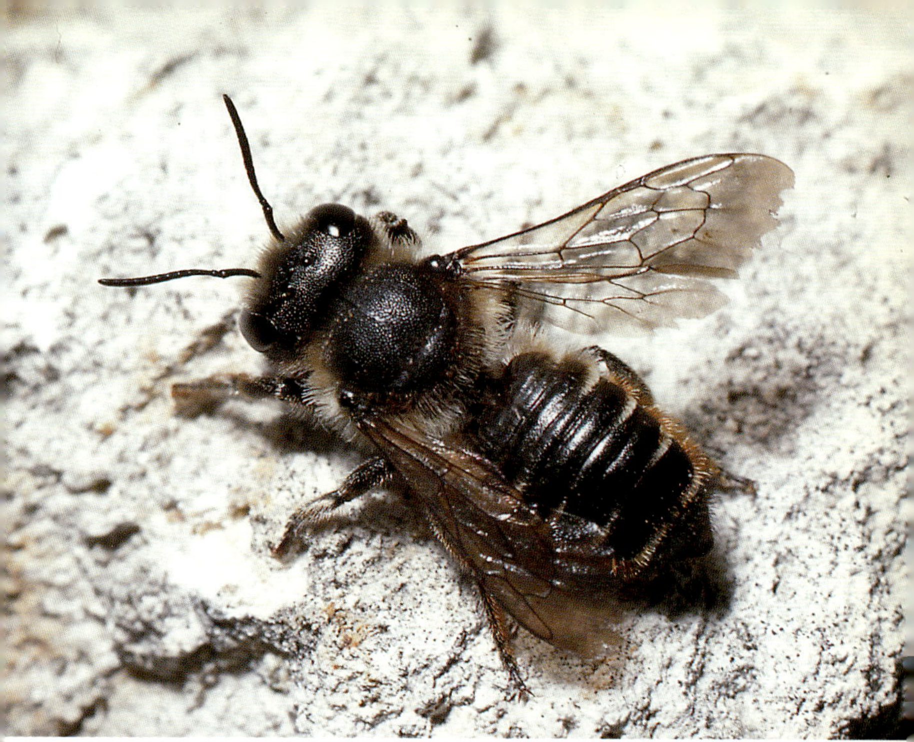

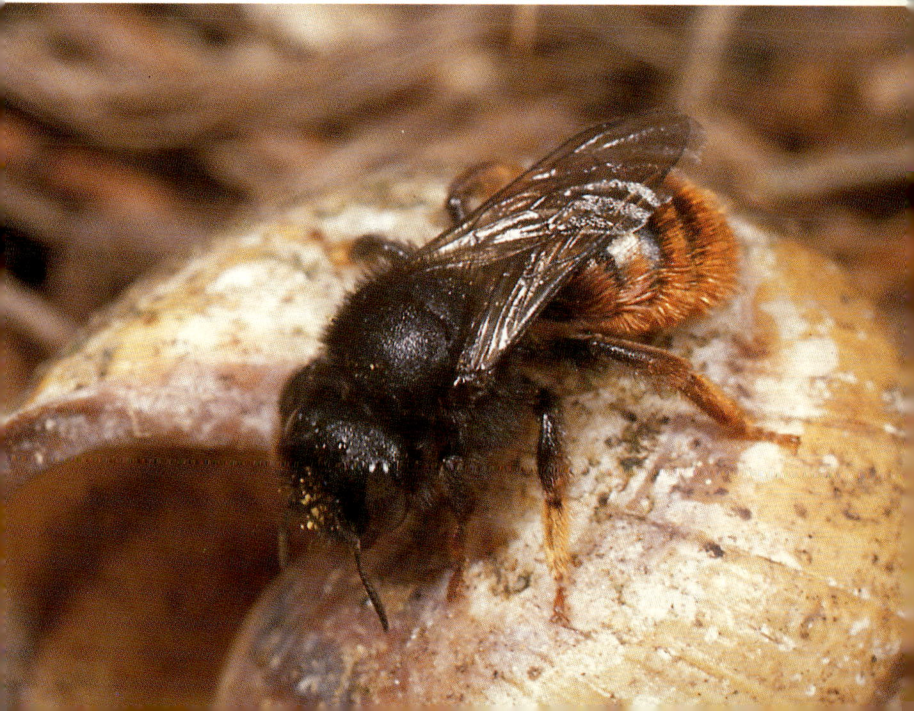

Köcherfliege

oben Imago, unten Larve im Köcher

Merkmale/ähnliche Arten: Die Köcherfliegen, auch Haarflügler genannt, werden von den Systematikern in die Nähe der Schmetterlinge gestellt. Bekannt sind sie auch dem Laien dadurch, daß die im Wasser lebenden Larven vieler Arten recht kunstvolle und arttypische Köcher bauen (s. u.). Die Flügel der Imagines sind fein behaart, tragen auch gelegentlich schuppenähnliche Gebilde. Die Flügel überragen den Körper weit, wenn sie dachförmig zurückgelegt sind. Die Vorderflügel sind länger und schmäler als die Hinterflügel; im Flug sind beide miteinander verbunden. Flugfähigkeit und Flugwilligkeit sind jedoch bei den verschiedenen Arten sehr unterschiedlich ausgeprägt und auch oft stark temperaturabhängig. Die ebenfalls mehr als körperlangen Fühler werden nach vorn getragen. Neben sehr kleinen Köcherfliegen mit einer Flügelspannweite von nur 3–4 mm kommen auch sehr große vor (60 mm). Die Weibchen sind in der Regel deutlich größer als die Männchen. Die Färbung ist ganz allgemein unscheinbar-düster, manchmal gelblich. Die Flugtiere nehmen allenfalls ein wenig flüssige Nahrung zu sich und haben rückgebildete Mundwerkzeuge. Die gut ausgebildeten Augen stehen knopfartig vor. Die langen Beine sind ziemlich dünn.

Verbreitung/Lebensraum: Stets in der Nähe von Gewässern: Tümpel, Seen, Flüsse, Gräben, Gebirgsbäche, Quellen.

Lebensweise/Fortpflanzung: Die Tiere sitzen tagsüber meist in der Vegetation und beginnen erst abends auf der Suche nach Geschlechtspartnern herumzufliegen. Nahrung nehmen sie kaum oder gar nicht zu sich.

Jugendstadien: Vollkommene Verwandlung. Die Larven leben hauptsächlich von Kleinorganismen am Gewässergrund, nehmen aber auch pflanzliche Nahrung zu sich. Die vorn und hinten offenen Köcher bestehen aus kleinen Steinchen, aus Rinden- oder Stengelstückchen und anderen Materialien, die durch Sekrete zur Röhre verklebt werden. Material und Form der Köcher sind für jede Art typisch, manche sind spiralig aufgebaut. Die Köcher dienen nicht nur dem Schutz der wurmförmigen Larve, sondern durch Einbau von Steinen auch der Beschwerung und Bodenhaftung. Mit zunehmender Größe der Larven wird das Gehäuse weitergebaut. Die Larven verpuppen sich auch im alten oder in einem neuen Köcher. Die sehr bewegliche Puppe klettert zum Schlupf der Imago an Land. Es gibt auch freilebende Larven (ohne Köcher) und Arten, deren Larven Gespinste produzieren, in denen sich Beutetiere verfangen.

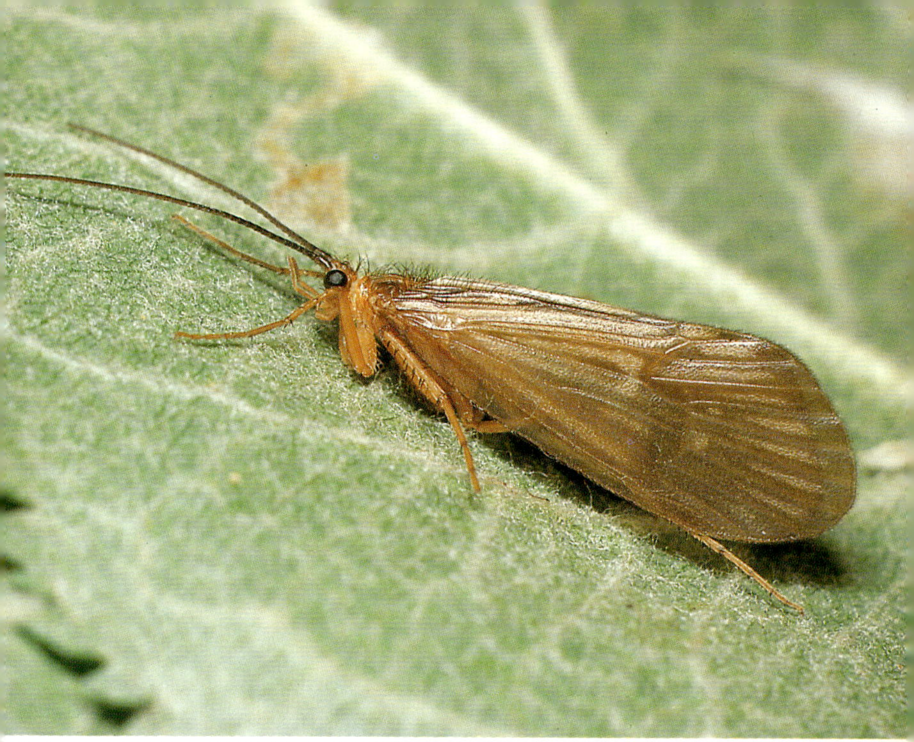

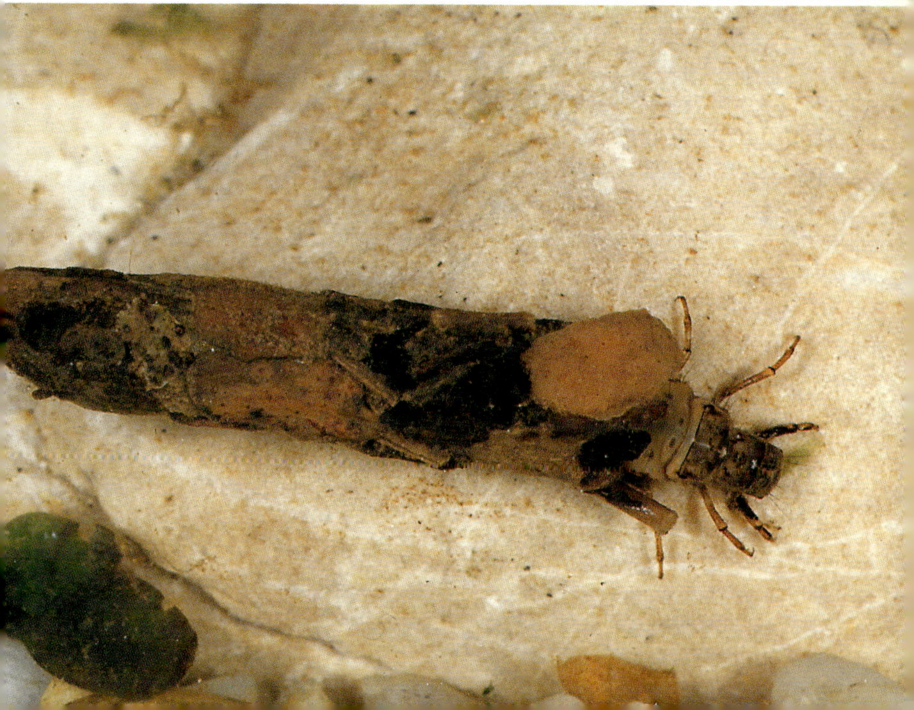

Wintermücke

oben

Epiphragma ocellaris (Fam. Wintermücken/Petauristidae)

Merkmale/ähnliche Arten: Wintermücken sind 4–7 mm kleine Insekten mit langen Beinen. Eine ähnliche, in Mitteleuropa sehr häufige Art ist die 4–5 mm große *Petaurista hiemalis*. **Verbreitung/Lebensraum:** Die recht kälteunempfindlichen Tiere sind in Europa weit verbreitet und kommen noch in Höhenlagen um 3000 m vor. Nur wenige Arten in Mitteleuropa. **Lebensweise/Fortpflanzung:** Tanzschwärme der Männchen können an sonnigen Wintertagen und im zeitigen Frühjahr beobachtet werden. Da die Imagines rückgebildete Mundwerkzeuge haben, nehmen sie wahrscheinlich keine Nahrung auf. Jugendstadien: Die Larven leben in der Bodenstreu von organischen Abfällen. Bei nicht zu großer Kälte fressen sie auch im Winter. Manche Arten leben in Höhlen vom Kot der Fledermäuse. Die Larven verpuppen sich im Boden. Vor dem Schlüpfen der Imagines arbeiten sich die Puppen an die Bodenoberfläche.

Erdschnake

unten

Tipula sp. (Fam. Schnaken/Tipulidae)

Merkmale/ähnliche Arten: Schnaken sind 25–40 mm große Mücken mit sehr langen Beinen. Wegen ihrer vorgezogenen Mundpartie heißen sie auch Schnauzenmücken. Nahe verwandt und ähnlich sind die Stelzenmücken (Limoniidae) mit einigen 100 Arten in Mitteleuropa. Die Familie der Tipuliden ist in Mitteleuropa mit etwa 200 Arten vertreten. **Lebensweise/Fortpflanzung:** Im Gegensatz zu vielen anderen Mücken stechen Schnaken und Stelzmücken nie; sie können nur Wasser und offene Pflanzensäfte aufnehmen. Ihre langen Beine weisen Sollbruchstellen auf, was wie bei Weberknechten (S. 36) dazu dient, Freßfeinde abzulenken. Im übrigen dienen die langen Beine zum Festhalten im Gräserwald. Wie bei allen Zweiflüglern sind die hinteren Flügel als gut sichtbare Schwingkölbchen ausgebildet. Der Flug der Schnaken ist träge. Manche Arten bilden abends kleine Tanzschwärme. Die häufige Kohlschnake *(T. oleracea)* fliegt in zwei Generationen von April bis Anfang Juni und von August bis Oktober. Nach der Paarung legt das Weibchen die Eier einzeln in die oberste Bodenschicht. Jugendstadien: Die grauen, madenförmigen Larven werden 25 mm groß (bei der Riesenschnake sogar bis 50 mm) und besitzen keine Füßchen. Das Hinterende der Larven sieht mit seinen Stigmen (Atemöffnungen) und dornartigen Fortsätzen wie eine »Teufelsfratze« aus. Mit den kräftigen Mundwerkzeugen zerkleinern die Larven auch härtere Pflanzenabfälle und morsches Holz und sind daher für die Humusbereitung wichtig. Verschiedene Arten (z. B. Kohlschnake, Wiesenschnake, Riesenschnake) können jedoch auch sehr schädlich werden, da sie – besonders bei stärkerem Befall – auch Wurzeln und nachts Pflanzenteile knapp über dem Boden abfressen. Von der Riesenschnake wurden schon bis zu 400 Larven pro Quadratmeter beobachtet.

Malariamücke

oben

Anopheles maculipennis (Fam. Stechmücken/Culicidae)

Merkmale/ähnliche Arten: Unterscheidung der etwa 5,5 mm großen Malariamücken gegenüber *Culex*-Arten siehe unten. In Mitteleuropa etwa 100 z. T. schwer unterscheidbare Stechmückenarten. Neben den beiden hier behandelten Gattungen spielt noch die Gattung *Aedes* mit der <u>Rheinschnake</u> *(A. vexans)* eine wichtige Rolle. **Lebensweise/Fortpflanzung:** Südliche Vertreter dieser Gattung übertragen durch Stich bei Spender und Empfänger die Malariaerreger. Bei *Anopheles* werden die Eier meist in sternförmigen Ringen, die auf dem Wasser schwimmen, abgelegt. <u>Jugendstadien:</u> Die Larven liegen in der Ruhe mit der ganzen Körperlängsseite der Wasserhaut an (vgl. *Culex*).

Gewöhnliche Stechmücke

Mitte, unten links Larven

Culex pipiens (Fam. Stechmücken/Culicidae)

Merkmale/ähnliche Arten: Stechmücken sind allgemein bekannt. Die in Mitteleuropa häufigsten beiden Gattungen *Culex* und *Anopheles* lassen sich am besten durch ihre Körperhaltung im Sitzen unterscheiden: Während *Culex*-Mücken ihre Körperachse parallel zur Unterlage halten, steht bei *Anopheles*-Mücken der Hinterleib weiter von der Unterlage ab als der Kopf. **Verbreitung/Lebensraum:** In ganz Europa bis in die nordische Tundra verbreitet. Kleingewässerreiche Landschaften. **Lebensweise/Fortpflanzung:** Nur die Weibchen der Stechmücken saugen Blut, während sich die Männchen mit geringen Mengen an Nektar begnügen. Der Einstich in die Haut geschieht durch rasches Raspeln mit dem Bündel der gezähnten Stechborsten. Nach etwa 50 Sekunden ist der Rüssel etwa zur Hälfte eingestochen. Das Blutsaugen dauert 2–3 Minuten, dabei kann das Zweifache des Eigengewichts aufgenommen werden. Durch Abgabe von Speichel, der die Blutgerinnung hemmt, entsteht der Juckreiz. Die Eier werden in stehende, z. T. sehr kleine Gewässer abgelegt, bei *Culex* in dichten, senkrecht gepackten, auf der Wasserfläche schwimmenden Eischiffchen. Begattete Weibchen überwintern in Kellern usw. <u>Jugendstadien:</u> Die Larven hängen in der Ruhe mit einem kurzen Atemrohr schräg an der Wasserhaut (vgl. *Anopheles*). Bei Störung gehen sie mit zappelnden Bewegungen in die Tiefe. Sie ernähren sich von im Wasser schwebenden Pflanzenabfällen und Kleinplankton. Auch die Puppen hängen an der Wasserhaut und können bei Störung blitzschnell wegtauchen.

Kriebelmücke

unten rechts

Simulium sp. (Fam. Kriebelmücken/Melusinidae)

Merkmale/ähnliche Arten: 2–6 mm große, schwärzliche, »bucklige« Mücken. In Mitteleuropa etwa 30 schwer unterscheidbare Arten. **Lebensweise/Fortpflanzung:** Die Weibchen können als Blutsauger sehr lästig werden; bei Massenbefall starben sogar schon Rinder. <u>Jugendstadien:</u> Larven in Fließgewässern.

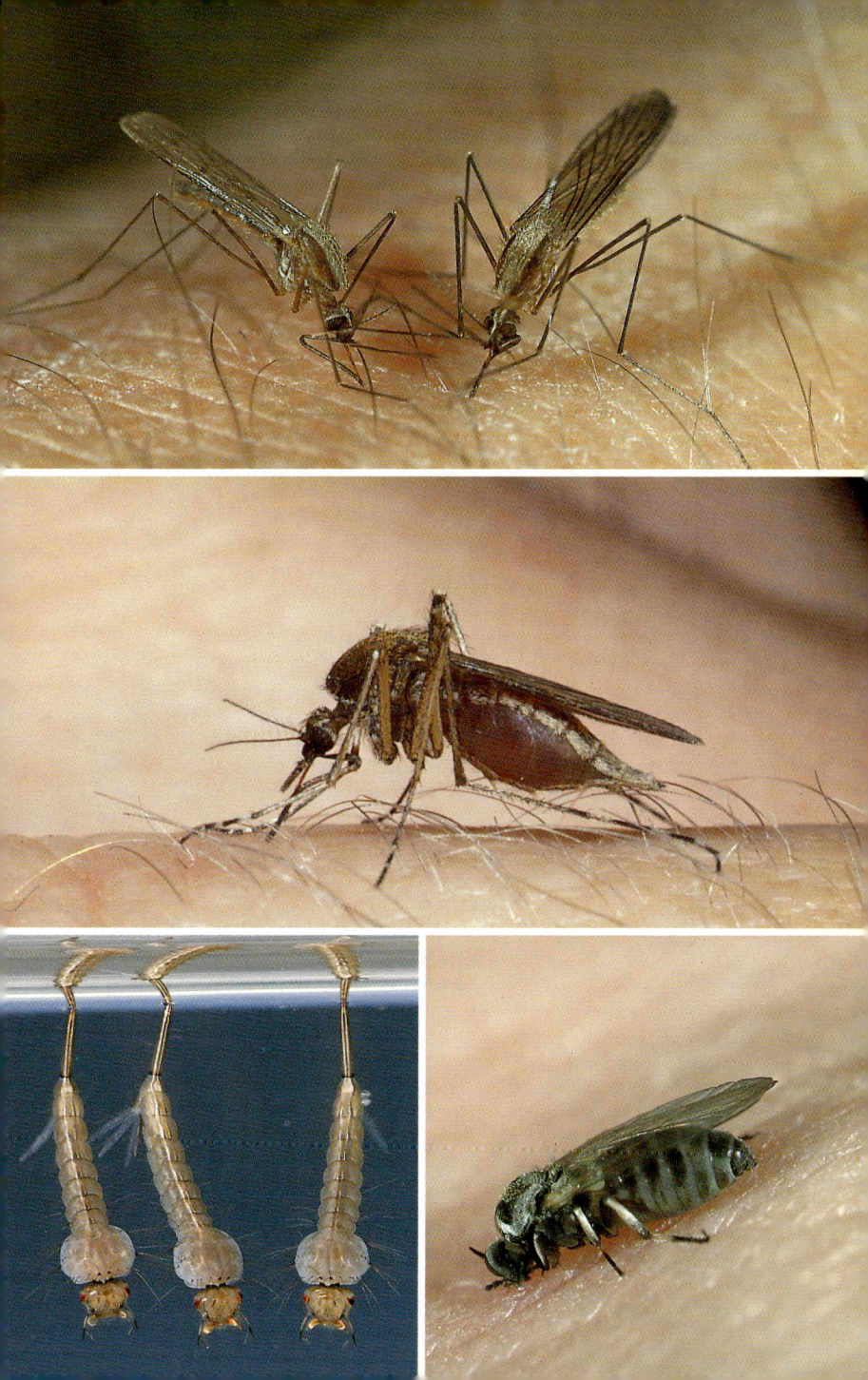

Zuckmücke

oben Männchen, Mitte links Larven

Chironomus sp. (Fam. Zuckmücken/Chironomidae)

Merkmale/ähnliche Arten: Auch Tanz- oder Schwarmmücken genannt. Über 1000 Arten in Mitteleuropa. 2–14 mm groß; Fühler der Männchen federförmig; Flügel kürzer als Körper; Brustteil hochgebuckelt, Kopf darunter. **Lebensweise/Fortpflanzung:** Die nur wenige Tage lebenden Alttiere nehmen keine Nahrung auf, daher nicht-stechend. Zucken im Sitzen ständig mit den frei nach vorn gehaltenen Vorderbeinen. Männchen bilden riesige, aus Entfernung wie Rauchwolken erscheinende Schwärme. Jugendstadien: Die wurmförmigen Larven leben meist im Bodenschlamm der Gewässer und spielen durch ihr oft massenhaftes Vorkommen eine ökologisch wichtige Rolle beim Abbau organischer Substanzen und als Fisch- und Entenfutter. Andere Arten fressen Kleinalgen, wieder andere leben räuberisch von Kleintieren oder minieren in den Blättern von Wasserpflanzen. Manche Arten sind durch roten Blutfarbstoff rot (nicht zu verwechseln mit den ebenfalls im Schlamm lebenden roten Röhrenwürmern, *Tubifex*). Viele Arten bauen Gespinströhren, die mit Fremdstoffen bestückt sind und daher den Hüllen von Köcherfliegen (S. 170) ähneln.

Buchen-Gallmücke

Mitte rechts Gallen

Mikiola fagi (Fam. Gallmücken/Itonididae)

Merkmale/ähnliche Arten: Imago nur 5 mm groß und schwarz. Auffälliger sind die charakteristischen, roten Gallen an Buchenblättern. In Mitteleuropa mehrere 100 Arten, die an den verschiedensten Pflanzen sehr verschieden geformte Gallen hervorrufen. **Verbreitung/Lebensraum:** In ganz Mitteleuropa überall wo Buchen wachsen. **Lebensweise/Fortpflanzung:** Die Larven der im Herbst zu Boden fallenden Gallen verpuppen sich dort und überwintern. Im April schlüpfen die Mücken und legen ihre Eier in Buchenknospen. Jugendstadien: Durch Ausscheidungen der Larven bilden die Blätter um jede Larve eine Galle (vgl. S. 152).

Haarmücke

unten Männchen

Bibio sp. (Fam. Haarmücken/Bibionidae)

Merkmale/ähnliche Arten: Robuste, fast fliegenähnliche, düstere und behaarte Mücken (bis 11 mm). Männchen haben wesentlich größere, behaarte und zweigeteilte Augen. Im Frühjahr oft massenhaft die fast stubenfliegengroße Markusfliege (*B. marci*), deren Männchen mit lang herabhängenden Hinterbeinen fliegen. Etwa 25 Arten in Europa. **Lebensweise/Fortpflanzung:** Da sich Haarmücken von Nektar und Honigtau ernähren, zählen sie zu den wichtigen Bestäubern, z. B. auch von Obst. Das Weibchen legt seine bis zu 3000 Eier in den Boden. Jugendstadien: Die raupenähnlichen, behaarten oder bedornten Larven leben oft in Massen im Fallaub und sind wichtige Humusbildner.

Chamäleonfliege

oben

Stratiomys chamaeleon (Fam. Waffenfliegen/Stratiomyidae)

Merkmale/ähnliche Arten: Waffenfliegen (etwa 100 Arten in Mitteleuropa) sind meist deutlich größer als Stubenfliegen (Chamäleonfliege 14–16 mm), und schwarz-gelb oder metallisch gefärbt. Der breite, flache Leib ragt seitlich über die zusammengelegten Flügel hinaus. Ihren Namen haben sie von waffenartigen Dornen am Ende des Brustabschnitts. **Lebensweise/Fortpflanzung:** Die meisten Waffenfliegen ernähren sich von Blütenpollen und Nektar, manche von Mist. Sie halten sich gerne in der Nähe von Wasser auf, wo sich die Larven entwickeln. Jugendstadien: Die spindelförmigen Larven werden bis 50 mm lang und hängen bei den wasserlebenden Formen mit einem Haarkranz ihres Atemrohrs an der Wasserhaut. Sie weiden den Algenaufwuchs von Steinen und Wasserpflanzen ab.

Regenbremse

Mitte

Chrysozona (Haematopota) pluvialis (Fam. Bremsen/Tabanidae)

Merkmale/ähnliche Arten: Bremsen sind kräftig gebaute, mittelgroße bis sehr große Fliegen (bis 25 mm). In Mitteleuropa gibt es an die 100 Arten. Die Regenbremse oder Gewitterfliege (etwa 10 mm), hat trübgefleckte Flügel, die den Hinterleib leicht überragen. **Verbreitung/Lebensraum:** In ganz Mitteleuropa, hauptsächlich in Gewässernähe (auch Kleinstgewässer). **Lebensweise/Fortpflanzung:** Die an Tieren (Rindern) und Menschen blutsaugenden Weibchen sind bei schwülem Gewitterwetter besonders aktiv. Während die grünäugigen *Chrysops*-Arten mehr die Kopfregion anfliegen, stechen Regenbremsen mehr in Arme und Beine. Die Eier werden in Wassernähe abgelegt. Jugendstadien: Die Larven leben im Wasser. Bei kurzer Larvenzeit sind zwei Generationen im Jahr möglich.

Rinderbremse

unten

Tabanus bovinus (Fam. Bremsen/Tabanidae)

Merkmale/ähnliche Arten: Mit ihren großen Facettenaugen ist der Kopf der Rinderbremse – von oben gesehen – deutlich breiter als lang. Durch Interferenz schillern die Augen oft in den schönsten Farben. Mit einer Länge von 18–25 mm gehört sie zu den größten Fliegen Europas. Noch etwas größer ist die ähnliche Sudetenbremse *(T. sudeticus)*. **Verbreitung/Lebensraum:** Inselartig in fast ganz Europa. Viehweiden in Gewässernähe, auf Almen bis 2000 m Höhe. **Lebensweise/Fortpflanzung:** Sehr geschickte und schnelle Flieger. Fast lautlos steuern sie ihre Opfer an und dringen mit messerartigen Mundwerkzeugen rasch in die Haut ein. Durch die Größe des Einstichs und die Wirkung des gerinnungshemmenden Speichels kann der Einstich noch nachbluten. Die Männchen leben von Nektar und Pflanzensäften. Jugendstadien: Die Larven entwickeln sich in feuchtem Boden, wo sie anderen Kleintieren nachstellt.

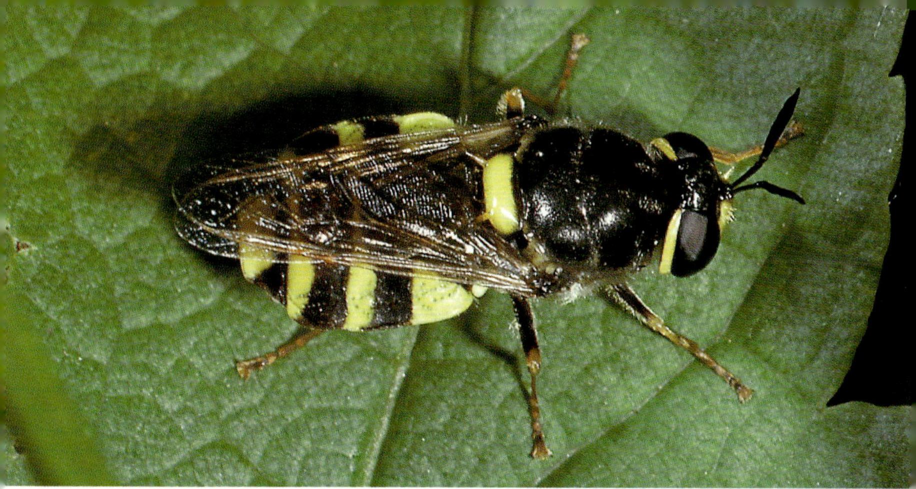
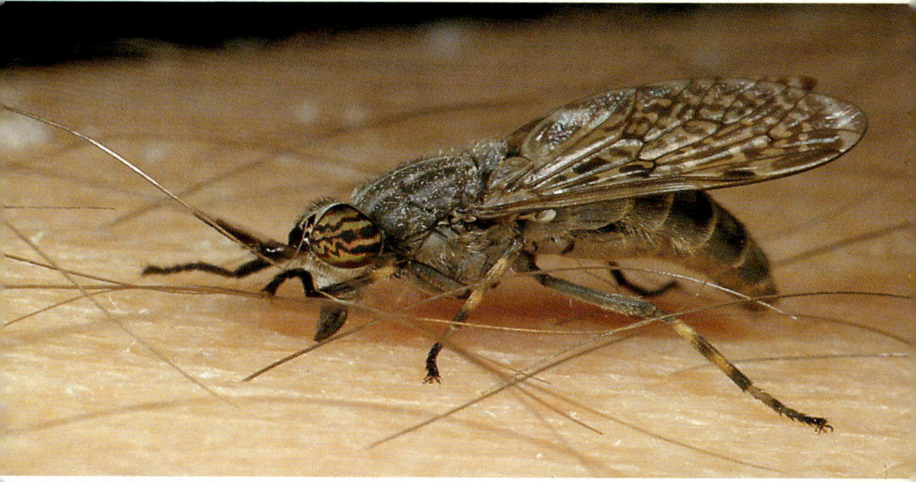
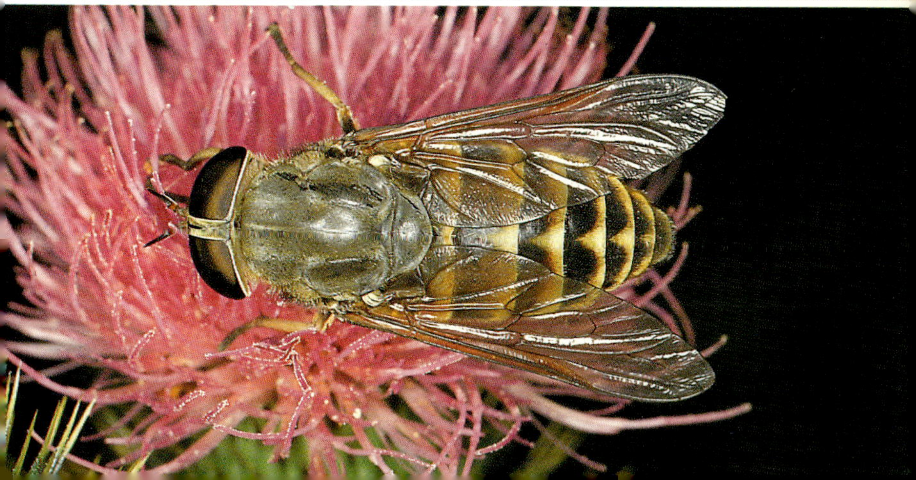

Raubfliege

oben

Asilus sp. (Fam. Raubfliegen/Asilidae)

Merkmale/ähnliche Arten: Die Raub- oder Jagdfliegen (etwa 200 Arten in Mitteleuropa) sind bis zu 30 mm große Fliegen, manche mit libellendünnem Hinterleib. **Lebensweise/Fortpflanzung:** An sonnigen Tagen stürzen sich die Raubfliegen von einer Sichtwarte aus auf vorbeifliegende Insekten (im Foto eine Libelle als Beute). Mit ihren harten Mundwerkzeugen können sie sogar die Deckflügel von Käfern durchstoßen. Ihr Speichel enthält Gift und Verdauungsfermente; das vorverdaute Innere der Beute wird aufgesogen. Jugendstadien: Die raupenartigen Larven ernähren sich überwiegend von pflanzlichen Abfällen. Ihre Entwicklung kann mehrere Jahre dauern.

Wollschweber

Mitte

Bombylius major (Fam. Hummelfliegen/Bombyliidae)

Merkmale/ähnliche Arten: Man nennt die Vertreter dieser Familie (rund 100 Arten in Mitteleuropa) auch Hummelfliegen oder Trauerschweber, da einige hummelartig behaart, andere düster gefärbt sind. Unsere Art wird 8–12 mm groß. **Verbreitung/Lebensraum:** Ganz Europa, meist nicht selten. **Lebensweise/ Fortpflanzung:** Sehr geschickte Flieger, die im Flug die Hinterbeine nach hinten oben strecken. Mit seinem ziemlich langen Rüssel saugt der Wollschweber – oft nach Schwärmerart vor der Blüte rüttelnd – Nektar. Die Weibchen werfen ihre Eier aus dem Flug in der Nähe der Nester ihres Larvenwirts ab. Jugendstadien: Die Larven leben parasitisch in den Nestern von Sandbienen und anderen Hautflüglern. Die aus dem Ei schlüpfende Erstlarve ist sehr beweglich und sucht aktiv ihren Wirt auf. Zuerst frißt sie dessen Proviant, dann ihn selber. Die Puppe ist mit Dornen und Borsten so ausgerüstet, daß sie sich an die Erdoberfläche graben kann.

Tanzfliege

unten

Empis tesselata (Fam. Tanz- oder Rennfliegen/Empididae)

Merkmale/ähnliche Arten: Sehr kleine bis mittelgroße, unscheinbar bräunliche Fliegen mit langen Beinen gehören zu dieser Familie, die mit mehreren 100 Arten in Mitteleuropa vertreten ist. Unsere Art wird 7–11 mm groß. **Verbreitung/Lebensraum:** Ganz Europa; Wiesen, lichte Laubwälder, Gärten. **Lebensweise/Fortpflanzung:** Die räuberisch lebenden Tanzfliegen fangen ihre Beute mit den bedornten Beinen im Flug oder lauern ihnen in Blüten auf. Dabei wagen sie sich auch an Insekten, die größer als sie selber sind. Mit ihrem langen Rüssel saugen sie die Beute nach Vorverdauung aus. Offenbar wird auch Nektar aufgenommen. Die Männchen überreichen Beute als »Hochzeitsgeschenk«. Bei manchen Arten bilden sich als Teil der Balz Tanzgruppen aus Männchen oder Weibchen, in die paarungsbereite Fliegen eindringen. Jugendstadien: Die wurmartigen Larven leben wohl räuberisch im feuchten Boden.

Späte Großstirnschwebfliege
oben, Mitte links Larve an Blattläusen

Scaeva pyrastri (Fam. Schwebfliegen/Syrphidae)

Merkmale/ähnliche Arten: Die Schwebfliegen sind in Europa mit etwa 500 Arten vertreten. Sie sehen sehr unterschiedlich aus: nackt oder behaart, gedrungen oder schlank, lebhaft (z. B. gelb-schwarz) gefärbt oder unscheinbar. Unsere Art (11–13 mm) fällt durch ihre markante Schwarz-Weiß-Zeichnung auf. **Verbreitung/Lebensraum:** Unsere Art ist in Mitteleuropa verbreitet und in wiesenreichem Gelände häufig. **Lebensweise/Fortpflanzung:** Schwebfliegen saugen mit ihren rüsselartigen Mundwerkzeugen Nektar und andere Pflanzensäfte. Als eifrige Blütenbesucher sind sie für die Bestäubungen vieler Pflanzen wichtig. Für die Entwicklung der überwinternden Weibchen ist die Aufnahme von eiweißreichem Pollen nötig. Die Fliegen stehen oft im Schwirrflug (300 Schläge pro Sekunde) in der Luft und können blitzschnell den Platz wechseln. Die Weibchen legen ihre Eier in der Nähe von Blattlauskolonien ab. Jugendstadien: Die egelartigen Larven von *Scaeva pyrastri* (und 100 weiterer Schwebfliegenarten) fressen hauptsächlich nachts Blattläuse (Foto Mitte links). Eine Larve kann in den nur 8 Tagen ihrer Entwicklung 700 Blattläuse verzehren. Die Larven anderer Schwebfliegen machen sich als Vertilger schädlicher Spinner- und Spannerraupen oder von Blattkäferlarven nützlich. Gegen Insektizide sind Schwebfliegenlarven sehr empfindlich.

Gewöhnliche Winterschwebfliege
Mitte rechts

Episyrphus balteatus (Fam. Schwebfliegen/Syrphidae)

Merkmale/ähnliche Arten: Eine 10–11 mm große Schwebfliege mit rotgelben Fühlern, behaarter Stirn und gelber Hinterleibszeichnung. **Verbreitung/Lebensraum:** In Mitteleuropa eine der häufigsten Schwebfliegen. Sie kommt in den verschiedensten Lebensräumen vor und ist auf Doldenblütler oft in großer Zahl zu finden. **Lebensweise/Fortpflanzung:** Die Flugzeit ist von März bis Oktober. Die Weibchen überwintern und fliegen auch an warmen Wintertagen. Jugendstadien: Die Larven leben hauptsächlich von Blattläusen, verzehren aber auch unter anderem Blattwespenlarven.

Scheinbienen-Keilfleckschwebfliege, Mistbiene
unten

Eristalis tenax (Fam. Schwebfliegen/Syrphidae)

Merkmale/ähnliche Arten: Eine 11–15 mm lange, bienenähnliche Fliege mit schwarzem und gelbrotem Hinterleib (»Mistbiene«). **Verbreitung/Lebensraum:** Dörfer, Bauernhöfe; Kulturfolger. **Lebensweise/Fortpflanzung:** Das Weibchen wird von Jauchegeruch angelockt und legt am Rand von Jauchepfützen ihre Eier in Gruppen ab. Jugendstadien: Die schlammfressenden Larven der Schlammfliege (bis 20 mm) besitzen ein bis 40 mm langes, dreiteiliges, teleskopartig verkürzbares Atemrohr, das sie vom Boden seichter Gewässer an die Wasseroberfläche strecken (»Rattenschwanzlarven«) oder mit dem sie in jauchigem Wasser an der Oberflächenhaut hängen. Die Larve überwintert im Schlamm oder Boden.

Gelbe Dungfliege

oben links

Scatophaga stercoraria (Fam. Dungfliegen/Corduluridae)

Merkmale/ähnliche Arten: Eine 9–10 mm große Fliege mit gelbem, struppigem Pelz. Auf den trüben Flügeln befindet sich am Vorderrand ein dunkler Fleck. In Mitteleuropa über 100 Arten. **Verbreitung/Lebensraum:** In fast ganz Europa als Kulturfolger. **Lebensweise/Fortpflanzung:** Die Fliegen sitzen oft in Mengen auf Kuhfladen und anderem Dung. In der Ruhe halten sie ihre Flügel schräg nach außen/oben. Die Männchen machen einen Balzflug, die Paarung findet meist im Gras statt. Danach begleitet das Männchen das Weibchen zur Eiablage im Mist. <u>Jugendstadien:</u> Die Larven entwickeln sich im Mist und überwintern im Boden.

Kleine Essigfliege

oben rechts

Drosophila melanogaster (Fam. Essigfliegen/Drosophilidae)

Merkmale/ähnliche Arten: Unter den Obst-, Essig- oder Taufliegen (etwa 50 Arten in Mitteleuropa) ist unsere Art (2,5 mm) als genetisches Experimentierobjekt berühmt geworden. Bei den in Wohnungen an Obst zu findenden Taufliegen handelt es sich meist um die ähnliche <u>Große Essigfliege</u> (*D. funebris*, 3–4 mm). **Verbreitung/Lebensraum:** Weltweit verbreitet, an geeigneten Stellen oft in Massen. **Lebensweise/Fortpflanzung:** Die von gärendem Obst und Essig angelockten Fliegen legen bis zu 400 Eier. Die Männchen vollführen eine auffällige Balz. <u>Jugendstadien:</u> Die Larven entwickeln sich bei geeigneten Temperaturen innerhalb von 14 Tagen zum flugfähigen Insekt. Sie ernähren sich von den Bakterien und Hefen in faulendem Obst.

Große Stubenfliege

Mitte

Musca domestica (Fam. Echte Fliegen/Muscidae)

Merkmale/ähnliche Arten: Eine allgemein bekannte Art (6–9 mm). Ähnlich ist die <u>Kleine Stubenfliege</u> *(Fannia canicularis).* **Verbreitung/Lebensraum:** Weltweit verbreiteter Kulturfolger. **Lebensweise/Fortpflanzung:** Die in Gebäuderitzen überwinterten Fliegen kommen schon an warmen Tagen im März heraus und suchen nach Nahrung, die sie mit ihrem Saugrüssel aufnehmen können. Die Eier werden in Gelegen von 100–150 an faulenden organischen Stoffen abgelegt. <u>Jugendstadien:</u> Die madenartigen Larven entwickeln sich rasch und verpuppen sich in tönnchenförmigen Hüllen. Bis zu 5 Generationen im Jahr.

Wadenstecher

unten

Stomoxys calcitrans (Fam. Echte Fliegen/Muscidae)

Merkmale/ähnliche Arten: Etwas kleiner als vorige Art (5–8 mm), sonst sehr ähnlich, bis auf den nach vorn stehenden Stechrüssel. **Verbreitung/Lebensraum:** Weltweit verbreiteter Kulturfolger. **Lebensweise/Fortpflanzung:** Larven in Rinder- und Pferdemist. Krankheitsüberträger.

Graue Fleischfliege

oben

Sarcophaga carnaria (Fam. Schmeißfliege/Calliphoridae)

Merkmale/ähnliche Arten: Die drei hier abgebildeten Arten gehören zu den Aas- oder Schmeißfliegen, von denen es in Europa einige 100 Arten gibt. Die Graue Fleischfliege ist etwa 15 mm groß und trägt ein typisches Schwarz-Grau-Muster und rote Augen. **Verbreitung/Lebensraum:** In ganz Mitteleuropa auf Mist und Blumen. **Lebensweise/Fortpflanzung:** Die Eier werden hauptsächlich an Aas und altem Fleisch abgelegt. Jugendstadien: Bei hohen Temperaturen verpuppen sich die weißen Maden bereits nach einer Woche, so daß mehrere Generationen im Jahr möglich sind.

Blaue Aasfliege

Mitte

Calliphora vomitoria (Fam. Schmeißfliegen/Calliphoridae)

Merkmale/ähnliche Arten: Bis 12 mm groß, blauschillernd, mit braunroten Augen. Viele schwer zu unterscheidende Arten. **Verbreitung/Lebensraum:** Nahezu weltweit verbreitet, überwiegend Kulturfolger. **Lebensweise/Fortpflanzung:** Mit ihrem sehr guten Geruchsvermögen orten die Weibchen Aas oder Mist. Dort legen sie innerhalb weniger Tage Hunderte von Eiern ab. Jugendstadien: Die gelblichen Maden entwickeln sich bei günstigen Temperaturen in wenigen Tagen. Aus den Tönnchenpuppen schlüpft weniger als zwei Wochen nach der Eiablage eine neue Fliegengeneration.

Goldfliege

unten

Lucilia caesar (Fam. Schmeißfliegen/Calliphoridae)

Merkmale/ähnliche Arten: Eine grünmetallisch glänzende Fliege (8–12 mm). **Verbreitung/Lebensraum:** Ganz Mitteleuropa, stellenweise sehr häufig. **Lebensweise/Fortpflanzung:** Die Goldfliegen bevorzugen stark duftende Blüten, Stinkmorcheln, Mist und Aas. An Aas und Wunden legen sie ihre Eier ab. Jugendstadien: Wie bei den anderen Schmeißfliegen verläuft die Larvenentwicklung sehr rasch, so daß mehrere Generationen im Jahr aufeinander folgen.

Register

Die faszinierende Welt
der Insekten

Gabriele Colditz
Schmetterlinge
Wunderschöne heimische Schmetterlinge in ihren verschiedenen Entwicklungsphasen – dargestellt in brillanten,
großformatigen Farbfotos – mit vielen
interessanten Informationen.

Michael Lohmann
Schmetterlinge
Alle auffälligen und
häufigen Schmetter-
linge: Merkmale,
Lebensraum, Lebens-
weise. Mit Faltplan:
Falter, Raupen und
Puppen auf einen
Blick, geordnet nach
Ähnlichkeit.

BLV Naturführer
Wolfgang Dierl
Schmetterlinge
Merkmale, Vorkommen,
Entwicklung, Lebensweise;
Entwicklungsstadien und Bestim-
mungsmerkmale; gefährdete und
geschützte Arten.

BLV Bestimmungsbuch
Herbert W. Ludwig
Tiere in Bach, Fluß, Tümpel, See
Das umfassende Bestimmungsbuch
mit der neuen Gewässergüte-Karte
und Angaben zur Ermittlung der
Wassergüte.

BLV Bestimmungsbuch
Wolfgang Dierl/Werner Ring
Insekten
400 Arten in großformatigen,
detailgetreuen Originalgrafiken:
Libellen, Käfer, Hautflügler,
Schmetterlinge, Zweiflügler;
auffällige Larvenstadien; Merkmale,
Vorkommen, Lebensweise und vieles
mehr.

BLV Naturführer
Wolfgang Dierl
Insekten
Libellen, Käfer, Schmetterlinge,
Heuschrecken, Wanzen, Hautflügler,
Fliegen und andere: Merkmale,
Vorkommen, Nahrung, Entwicklung,
Lebensweise.
